TRANZLATY

Sprache ist für alle da

Jazyk je pro každého

Das Kommunistische Manifest

Komunistický Manifest

Karl Marx
&
Friedrich Engels

Deutsch / Čeština

Copyright © 2024 Tranzlaty
All rights reserved.
Published by Tranzlaty
ISBN: 978-1-80572-326-4
Original text by Karl Marx and Friedrich Engels
The Communist Manifesto
First published in 1848
www.tranzlaty.com

Einleitung
Úvod

Ein Gespenst geht um in Europa – das Gespenst des Kommunismus

Evropou obchází strašidlo – strašidlo komunismu

Alle Mächte des alten Europa sind eine heilige Allianz eingegangen, um dieses Gespenst auszutreiben

Všechny mocnosti staré Evropy vstoupily do svatého spolku, aby toto strašidlo vymýtily

Papst und Zaren, Metternich und Guizot, französische Radikale und deutsche Polizeispione

Papež a car, Metternich a Guizot, francouzští radikálové a němečtí policejní špioni

Wo ist die Oppositionspartei, die von ihren Gegnern an der Macht nicht als kommunistisch verschrien wurde?

Kde je opoziční strana, která nebyla svými oponenty u moci odsouzena jako komunistická?

Wo ist die Opposition, die nicht den Brandvorwurf des Kommunismus gegen die fortgeschritteneren Oppositionsparteien zurückgeschleudert hat?

Kde je opozice, která by nevrhla zpět výčitku komunismu proti vyspělejším opozičním stranám?

Und wo ist die Partei, die den Vorwurf nicht gegen ihre reaktionären Gegner erhoben hat?

A kde je ta strana, která nevznesla žalobu proti svým reakčním protivníkům?

Aus dieser Tatsache ergeben sich zweierlei

Z této skutečnosti vyplývají dvě věci

I. Der Kommunismus wird bereits von allen europäischen Mächten als eine Macht anerkannt

Komunismus je již všemi evropskými mocnostmi uznáván za to, že je sám mocností

II. Es ist höchste Zeit, dass die Kommunisten ihre Ansichten, Ziele und Tendenzen offen vor der ganzen Welt offenlegen

II. Je nejvyšší čas, aby komunisté otevřeně, před celým světem, zveřejnili své názory, cíle a tendence

sie müssen diesem Kindermärchen vom Gespenst des Kommunismus mit einem Manifest der Partei selbst begegnen

musí na tuto dětskou pohádku o strašidle komunismu odpovědět Manifestem samotné strany

Zu diesem Zweck haben sich Kommunisten verschiedener Nationalitäten in London versammelt und folgendes Manifest entworfen

Za tímto účelem se komunisté různých národností shromáždili v Londýně a načrtli následující Manifest

Dieses Manifest wird in deutscher, englischer, französischer, italienischer, flämischer und dänischer Sprache veröffentlicht

tento manifest bude zveřejněn v anglickém, francouzském, německém, italském, vlámském a dánském jazyce

Und jetzt soll es in allen Sprachen veröffentlicht werden, die Tranzlaty anbietet

A nyní má být zveřejněn ve všech jazycích, které Tranzlaty nabízí

Bourgeois und Proletarier
Buržoazie a proletáři

Die Geschichte aller bisherigen Gesellschaften ist die Geschichte der Klassenkämpfe
Dějiny všech dosavadních společností jsou dějinami třídních bojů

Freier und Sklave, Patrizier und Plebejer, Herr und Leibeigener, Zunftmeister und Geselle
Svobodný člověk a otrok, patricij a plebejec, pán a nevolník, cechovní mistr a tovaryš

mit einem Wort, Unterdrücker und Unterdrückte
jedním slovem, utlačovatel a utlačovaný

Diese sozialen Klassen standen in ständiger Opposition zueinander
Tyto společenské třídy stály v neustálém vzájemném protikladu

Sie führten einen ununterbrochenen Kampf. Jetzt versteckt, jetzt offen
Pokračovali v nepřetržitém boji. Teď skrytá, teď otevřená

Ein Kampf, der entweder in einer revolutionären Rekonstitution der Gesellschaft als Ganzes endete
boje, který buď skončil revoluční re-konstitucí společnosti jako celku

oder ein Kampf, der im gemeinsamen Ruin der streitenden Klassen endete
nebo boj, který skončil společnou zkázou soupeřících tříd

Blicken wir zurück auf die früheren Epochen der Geschichte
Podívejme se zpět do dřívějších epoch dějin

Wir finden fast überall eine komplizierte Einteilung der Gesellschaft in verschiedene Ordnungen
Téměř všude nacházíme složité uspořádání společnosti do různých řádů

Es gab schon immer eine mannigfaltige Abstufung des sozialen Ranges
Vždy existovalo mnohotvárné odstupňování společenského postavení

Im alten Rom gibt es Patrizier, Ritter, Plebejer, Sklaven
Ve starém Římě máme patricije, rytíře, plebejce, otroky
im Mittelalter: Feudalherren, Vasallen, Zunftmeister,
Gesellen, Lehrlinge, Leibeigene
ve středověku: feudální páni, vazalové, cechovní mistři,
tovaryši, učni, nevolníci
In fast allen diesen Klassen sind wiederum untergeordnete
Abstufungen
Téměř ve všech těchto třídách jsou opět podřadné
odstupňování
Die moderne Bourgeoisie Gesellschaft ist aus den
Trümmern der feudalen Gesellschaft hervorgegangen
Moderní buržoazní společnost vyrostla z trosek feudální
společnosti
Aber diese neue Gesellschaftsordnung hat die
Klassengegensätze nicht beseitigt
Ale tento nový společenský řád neodstranil třídní protiklady
Sie hat nur neue Klassen und neue
Unterdrückungsbedingungen geschaffen
Vytvořila jen nové třídy a nové podmínky útlaku
Sie hat neue Formen des Kampfes an die Stelle der alten
gesetzt
zavedla nové formy boje namísto těch starých
Die Epoche, in der wir uns befinden, weist jedoch eine
Besonderheit auf
Epocha, ve které se nacházíme, má však jeden charakteristický
rys
die Epoche der Bourgeoisie hat die Klassengegensätze
vereinfacht
Epocha buržoazie zjednodušila třídní protiklady
Die Gesellschaft als Ganzes spaltet sich mehr und mehr in
zwei große feindliche Lager
Společnost jako celek se stále více štěpí na dva velké
nepřátelské tábory
zwei große soziale Klassen, die sich direkt gegenüberstehen:
Bourgeoisie und Proletariat

dvě velké společenské třídy přímo proti sobě: buržoazie a proletariát

Aus den Leibeigenen des Mittelalters gingen die Bürger der ersten Städte hervor

Z nevolníků středověku vzešli statiční měšťané z nejstarších měst

Aus diesen Bürgern entwickelten sich die ersten Elemente der Bourgeoisie

Z těchto měšťanů se vyvinuly první prvky buržoazie

Die Entdeckung Amerikas und die Umrundung des Kaps

Objevení Ameriky a obeplutí mysu

diese Ereignisse eröffneten der aufstrebenden Bourgeoisie neues Terrain

tyto události otevřely novou půdu pro rostoucí buržoazii

Die ostindischen und chinesischen Märkte, die Kolonisierung Amerikas, der Handel mit den Kolonien

Východoindický a čínský trh, kolonizace Ameriky, obchod s koloniemi

die Vermehrung der Tauschmittel und der Waren überhaupt

vzrůst směnných prostředků a zboží vůbec

Diese Ereignisse gaben dem Handel, der Schiffahrt und der Industrie einen nie gekannten Impuls

Tyto události daly obchodu, plavbě a průmyslu podnět nikdy předtím neznámý

Sie gab dem revolutionären Element in der wankenden feudalen Gesellschaft eine rasche Entwicklung

Dala rychlý rozvoj revolučnímu živlu v rozkolísané feudální společnosti

Geschlossene Zünfte hatten das feudale System der industriellen Produktion monopolisiert

Uzavřené cechy monopolizovaly feudální systém průmyslové výroby

Doch das reichte den wachsenden Bedürfnissen der neuen Märkte nicht mehr aus

To však již nestačilo na rostoucí potřeby nových trhů

Das Manufaktursystem trat an die Stelle des feudalen Systems der Industrie
Na místo feudálního systému průmyslu nastoupil manufakturní řád
Die Zunftmeister wurden vom produzierenden Bürgertum auf die Seite gedrängt
Cechovní mistři byli odsunuti na jednu stranu průmyslovou střední třídou
Die Arbeitsteilung zwischen den verschiedenen korporativen Innungen verschwand
Dělba práce mezi různými korporativními cechy zmizela
Die Arbeitsteilung durchdrang jede einzelne Werkstatt
Dělba práce pronikla do každé dílny
In der Zwischenzeit wuchsen die Märkte immer weiter und die Nachfrage stieg immer weiter
Mezitím trhy stále rostly a poptávka stále stoupala
Selbst Fabriken reichten nicht mehr aus, um den Anforderungen gerecht zu werden
Ani továrny již nestačily uspokojit poptávku
Daraufhin revolutionierten Dampf und Maschinen die industrielle Produktion
Pára a stroje pak způsobily revoluci v průmyslové výrobě
An die Stelle der Manufaktur trat der Riese, die moderne Industrie
Místo výroby zaujal gigant, moderní průmysl
An die Stelle des industriellen Mittelstandes traten industrielle Millionäre
Na místo průmyslové střední třídy nastoupili průmysloví milionáři
an die Stelle der Führer ganzer Industriearmeen trat die moderne Bourgeoisie
na místo vůdců celých průmyslových armád nastoupila moderní buržoazie
die Entdeckung Amerikas ebnete der modernen Industrie den Weg zur Etablierung des Weltmarktes

objevení Ameriky vydláždilo cestu modernímu průmyslu k
vytvoření světového trhu
**Dieser Markt gab dem Handel, der Schifffahrt und der
Kommunikation auf dem Landweg eine ungeheure
Entwicklung**
Tento trh přinesl obrovský rozvoj obchodu, plavby a
pozemních komunikací
**Diese Entwicklung hat seinerzeit auf die Ausdehnung der
Industrie reagiert**
Tento vývoj ve své době reagoval na rozšiřování průmyslu
**Sie reagierte in dem Maße, wie sich die Industrie
ausbreitete, und wie sich Handel, Schiffahrt und Eisenbahn
ausdehnten**
Reagovala úměrně tomu, jak se rozšiřoval průmysl a obchod,
plavba a železnice
**in demselben Maße, in dem sich die Bourgeoisie
entwickelte, vermehrte sie ihr Kapital**
tou měrou, jak se rozvíjela buržoazie, zvětšovala svůj kapitál
**und das Bourgeoisie drängte jede aus dem Mittelalter
überlieferte Klasse in den Hintergrund**
a buržoazie zatlačila do pozadí všechny třídy zděděné ze
středověku
**daher ist die moderne Bourgeoisie selbst das Produkt eines
langen Entwicklungsganges**
proto je moderní buržoazie sama produktem dlouhého
vývojového běhu
**Wir sehen, dass es sich um eine Reihe von Revolutionen in
der Produktions- und Tauschweise handelt**
Vidíme, že je to řada revolucí ve výrobních způsobech a ve
směnných způsobech
**Jeder Schritt der Bourgeoisie Entwicklung ging mit einem
entsprechenden politischen Fortschritt einher**
Každý vývojový krok buržoazie byl doprovázen
odpovídajícím politickým pokrokem
**Eine unterdrückte Klasse unter der Herrschaft des feudalen
Adels**

Utlačovaná třída pod nadvládou feudální šlechty

ein bewaffneter und selbstverwalteter Verein in der mittelalterlichen Kommune

ozbrojené a samosprávné sdružení ve středověké komuně

hier eine unabhängige Stadtrepublik (wie in Italien und Deutschland)

zde nezávislou městskou republikou (jako v Itálii a Německu)

dort ein steuerpflichtiger "dritter Stand" der Monarchie (wie in Frankreich)

tam zdanitelný "třetí stav" monarchie (jako ve Francii)

Danach, in der Zeit der eigentlichen Herstellung

poté, v době vlastní výroby

die Bourgeoisie diente entweder der halbfeudalen oder der absoluten Monarchie

buržoazie sloužila buď polofeudální nebo absolutní monarchii

oder die Bourgeoisie fungierte als Gegengewicht zum Adel

nebo buržoazie vystupovala jako protiváha proti šlechtě

und in der Tat war die Bourgeoisie ein Eckpfeiler der großen Monarchien überhaupt

a buržoazie byla ve skutečnosti úhelným kamenem velkých monarchií vůbec

aber die moderne Industrie und der Weltmarkt haben sich seitdem etabliert

ale od té doby se etabloval velký průmysl a světový trh

und die Bourgeoisie hat sich die ausschließliche politische Herrschaft erobert

a buržoazie si vydobyla výlučnou politickou nadvládu

sie erreichte diese politische Herrschaft durch den modernen repräsentativen Staat

tohoto politického vlivu dosáhla prostřednictvím moderního zastupitelského státu

Die Exekutive des modernen Staates ist nichts anderes als ein Verwaltungskomitee

Výkonná moc moderního státu není ničím jiným než řídícím výborem

und sie leiten die gemeinsamen Angelegenheiten der gesamten Bourgeoisie

a spravují společné záležitosti celé buržoazie

Die Bourgeoisie hat historisch gesehen eine höchst revolutionäre Rolle gespielt

Buržoazie sehrála historicky nejrevolučnější úlohu

Wo immer sie die Oberhand gewann, machte sie allen feudalen, patriarchalischen und idyllischen Verhältnissen ein Ende

Všude, kde získala převahu, skoncovala se všemi feudálními, patriarchálními a idylickými vztahy

Sie hat erbarmungslos die bunten feudalen Bande zerrissen, die den Menschen an seine "natürlichen Vorgesetzten" banden

Nemilosrdně zpřetrhala pestré feudální svazky, které poutaly člověka k jeho "přirozeným nadřízeným"

Und es ist kein Nexus zwischen Mensch und Mensch übrig geblieben, außer nacktem Eigeninteresse

a nezůstalo žádné spojení mezi člověkem a člověkem, kromě holého vlastního zájmu

Die Beziehungen der Menschen zueinander sind zu nichts anderem geworden als zu einer gefühllosen "Geldzahlung"

Vzájemné vztahy lidí se staly jen bezcitnou "platbou za peníze"

Sie hat die himmlischsten Ekstasen religiöser Inbrunst ertränkt

Utopila nejnebeštější extáze náboženského zápalu

sie hat ritterlichen Enthusiasmus und philiströsen Sentimentalismus übertönt

utopila rytířské nadšení a šosáckou sentimentalitu

Sie hat diese Dinge im eisigen Wasser des egoistischen Kalküls ertränkt

utopila tyto věci v ledové vodě egoistické vypočítavosti

Sie hat den persönlichen Wert in Tauschwert aufgelöst

Rozložila osobní hodnotu na směnnou hodnotu

Sie hat die zahllosen und unveräußerlichen verbrieften
Freiheiten ersetzt
nahradila nesčetné a nezrušitelné zaručené svobody
und sie hat eine einzige, skrupellose Freiheit geschaffen;
Freihandel
a nastolila jedinou, nehoráznou svobodu; Svobodný obchod
Mit einem Wort, sie hat dies für die Ausbeutung getan
Jedním slovem, udělala to kvůli vykořisťování
Ausbeutung, verschleiert durch religiöse und politische
Illusionen
vykořisťování zahalené náboženskými a politickými iluzemi
Ausbeutung verschleiert durch nackte, schamlose, direkte,
brutale Ausbeutung
vykořisťování zahalené nahým, nestoudným, přímým,
brutálním vykořisťováním
die Bourgeoisie hat den Heiligenschein von jedem zuvor
geehrten und verehrten Beruf abgestreift
buržoazie svlékla svatozář ze všech dříve uctívaných a
uctívaných povolání
der Arzt, der Advokat, der Priester, der Dichter und der
Mann der Wissenschaft
lékař, právník, kněz, básník a muž vědy
Sie hat diese ausgezeichneten Arbeiter in ihre bezahlten
Lohnarbeiter verwandelt
přeměnila tyto význačné dělníky ve své placené námezdní
dělníky
Die Bourgeoisie hat der Familie den sentimentalen Schleier
weggerissen
Buržoazie strhla sentimentální závoj z rodiny
Und sie hat das Familienverhältnis auf ein bloßes
Geldverhältnis reduziert
a zredukovala rodinný vztah na pouhý peněžní vztah
die brutale Zurschaustellung der Kraft im Mittelalter, die
die Reaktionäre so sehr bewundern
brutální projev síly ve středověku, který reakcionáři tolik
obdivují

Auch diese fand ihre passende Ergänzung in der trägesten Trägheit

I to našlo svůj vhodný doplněk v nejlenivější lenosti

Die Bourgeoisie hat enthüllt, wie es dazu gekommen ist

Buržoazie odhalila, jak se to všechno stalo

Die Bourgeoisie war die erste, die gezeigt hat, was die Tätigkeit des Menschen bewirken kann

Buržoazie byla první, kdo ukázala, co může přinést lidská aktivita

Sie hat Wunder vollbracht, die ägyptische Pyramiden, römische Aquädukte und gotische Kathedralen bei weitem übertreffen

Dokázala zázraky, které daleko předčily egyptské pyramidy, římské akvadukty a gotické katedrály

und sie hat Expeditionen durchgeführt, die alle früheren Auszüge von Nationen und Kreuzzügen in den Schatten stellten

a podnikala výpravy, které zastínily všechny dřívější exody národů a křížové výpravy

Die Bourgeoisie kann nicht existieren, ohne die Produktionsmittel ständig zu revolutionieren

Buržoazie nemůže existovat, aniž by neustále revolucionizovala výrobní nástroje

und damit kann sie nicht ohne ihre Beziehungen zur Produktion existieren

a proto nemůže existovat bez svých vztahů k výrobě

und deshalb kann sie nicht ohne ihre Beziehungen zur Gesellschaft existieren

a proto nemůže existovat bez svých vztahů ke společnosti

Alle früheren Industrieklassen hatten eine Bedingung gemeinsam

Všechny dřívější průmyslové třídy měly jednu společnou podmínku

Sie setzten auf die Bewahrung der alten Produktionsweisen

Spoléhali na zachování starých výrobních způsobů

aber die Bourgeoisie brachte eine völlig neue Dynamik mit sich

buržoazie však s sebou přinesla zcela novou dynamiku

Ständige Revolutionierung der Produktion und ununterbrochene Störung aller gesellschaftlichen Verhältnisse

Neustálá revoluce ve výrobě a nepřetržité narušování všech společenských podmínek

diese immerwährende Unsicherheit und Unruhe unterscheidet die Epoche der Bourgeoisie von allen früheren

tato věčná nejistota a neklid odlišují buržoazní epochu od všech dřívějších

Die bisherigen Beziehungen zur Produktion waren mit alten und ehrwürdigen Vorurteilen und Meinungen verbunden

Předchozí styky s výrobou přišly s prastarými a úctyhodnými předsudky a názory

Aber all diese festgefahrenen, eingefrorenen Beziehungen werden hinweggefegt

ale všechny tyto pevné, rychle zamrzlé vztahy jsou smeteny

Alle neu gebildeten Verhältnisse werden antiquiert, bevor sie erstarren können

Všechny nově vytvořené vztahy zastarají dříve, než mohou zkostnatět

Alles, was fest ist, zerschmilzt in Luft, und alles, was heilig ist, wird entweiht

Všechno pevné se rozplývá ve vzduchu a všechno svaté je znesvěceno

Der Mensch ist endlich gezwungen, mit nüchternen Sinnen seinen wirklichen Lebensbedingungen ins Auge zu sehen

Člověk je konečně nucen čelit střízlivým smyslům svým skutečným životním podmínkám

und er ist gezwungen, sich seinen Beziehungen zu seinesgleichen zu stellen

a je nucen čelit svým vztahům se svým druhem

Die Bourgeoisie muss ständig ihre Märkte für ihre Produkte erweitern

Buržoazie neustále potřebuje rozšiřovat své trhy pro své výrobky

und deshalb wird die Bourgeoisie über die ganze Erdoberfläche gejagt

a kvůli tomu je buržoazie pronásledována po celém povrchu zeměkoule

Die Bourgeoisie muss sich überall einnisten, sich überall niederlassen, überall Verbindungen herstellen

Buržoazie se musí všude uhnízdit, všude se usadit, všude navázat styky

Die Bourgeoisie muss in jedem Winkel der Welt Märkte schaffen, um sie auszubeuten

Buržoazie musí vytvořit trhy ve všech koutech světa, aby je mohla využívat

Die Produktion und der Konsum in jedem Land haben einen kosmopolitischen Charakter erhalten

Výroba a spotřeba v každé zemi dostaly kosmopolitní charakter

der Verdruss der Reaktionäre ist mit Händen zu greifen, aber er hat sich trotzdem fortgesetzt

rozhořčení reakcionářů je hmatatelné, ale bez ohledu na to pokračovalo

Die Bourgeoisie hat der Industrie den nationalen Boden, auf dem sie stand, unter den Füßen weggezogen

Buržoazie vytáhla zpod nohou průmyslu národní půdu, na níž stála

Alle alteingesessenen nationalen Industrien sind zerstört worden oder werden täglich zerstört

Všechna stará zavedená národní průmyslová odvětví byla zničena nebo jsou denně ničena

Alle alteingesessenen nationalen Industrien werden durch neue Industrien verdrängt

Všechna stará zavedená národní průmyslová odvětví jsou vytlačována novými průmyslovými odvětvími

Ihre Einführung wird zu einer Frage von Leben und Tod für alle zivilisierten Völker

Jejich zavedení se stává otázkou života a smrti pro všechny civilizované národy

Sie werden von Industrien verdrängt, die keine heimischen Rohstoffe mehr verarbeiten

Jsou vytlačovány průmyslovými odvětvími, která již nezpracovávají domácí suroviny

Stattdessen beziehen diese Industrien Rohstoffe aus den entlegensten Zonen

Místo toho tato průmyslová odvětví čerpají suroviny z nejodlehlejších zón

Industrien, deren Produkte nicht nur zu Hause, sondern in allen Teilen der Welt konsumiert werden

průmysl, jehož výrobky jsou spotřebovávány nejen doma, ale ve všech částech zeměkoule

An die Stelle der alten Bedürfnisse, die durch die Erzeugnisse des Landes befriedigt werden, treten neue Bedürfnisse

Namísto starých potřeb, které jsou uspokojeny produkcí země, nacházíme potřeby nové

Diese neuen Bedürfnisse bedürfen zu ihrer Befriedigung der Produkte aus fernen Ländern und Klimazonen

Tyto nové potřeby vyžadují ke svému uspokojení produkty vzdálených zemí a podnebí

An die Stelle der alten lokalen und nationalen Abgeschiedenheit und Selbstversorgung tritt der Handel

Na místo staré lokální a národní odloučenosti a soběstačnosti tu máme obchod

internationaler Austausch in alle Richtungen; universelle Interdependenz der Nationen

mezinárodní výměna ve všech směrech; všeobecná vzájemná závislost národů

Und so wie wir von Materialien abhängig sind, so sind wir von der intellektuellen Produktion abhängig

A stejně jako jsme závislí na materiálech, jsme závislí na intelektuální produkci

Die geistigen Schöpfungen der einzelnen Nationen werden zum Gemeingut

Duševní výtvory jednotlivých národů se stávají společným vlastnictvím

Nationale Einseitigkeit und Engstirnigkeit werden immer unmöglicher

Národní jednostrannost a omezenost se stávají stále více nemožnými

Und aus den zahlreichen nationalen und lokalen Literaturen entsteht eine Weltliteratur

a z četných národních a místních literatur vzniká literatura světová

durch die rasche Verbesserung aller Produktionsmittel

rychlým zdokonalováním všech výrobních nástrojů

durch die immens erleichterten Kommunikationsmittel

nesmírně usnadněnými komunikačními prostředky

Die Bourgeoisie zieht alle (auch die barbarischsten Nationen) in die Zivilisation hinein

Buržoazie vtahuje do civilizace všechny (i ty nejbarbarštější národy)

Die billigen Preise seiner Waren; die schwere Artillerie, die alle chinesischen Mauern niederreißt

Nízké ceny jejích komodit; těžké dělostřelectvo, které boří všechny čínské hradby

Der hartnäckige Fremdenhass der Barbaren wird zur Kapitulation gezwungen

Silně tvrdošíjná nenávist barbarů k cizincům je nucena kapitulovat

Sie zwingt alle Nationen, unter Androhung des Aussterbens, die Bourgeoisie Produktionsweise anzunehmen

Nutí všechny národy, aby pod hrozbou zániku přijaly buržoazní výrobní způsob

Sie zwingt sie, das, was sie Zivilisation nennt, in ihre Mitte einzuführen

nutí je, aby do svého středu zavedli to, co nazývá civilizací

Die Bourgeoisie zwingt die Barbaren, selbst zur Bourgeoisie zu werden

Buržoazie nutí barbary, aby se sami stali buržoazií

mit einem Wort, die Bourgeoisie schafft sich eine Welt nach ihrem Bilde

jedním slovem, buržoazie si vytváří svět k obrazu svému

Die Bourgeoisie hat das Land der Herrschaft der Städte unterworfen

Buržoazie podřídila venkov panství měst

Sie hat riesige Städte geschaffen und die Stadtbevölkerung stark vergrößert

Vytvořila obrovská města a výrazně zvýšila městskou populaci

Sie rettete einen beträchtlichen Teil der Bevölkerung vor der Idiotie des Landlebens

zachránila značnou část obyvatelstva před idiocií venkovského života

Aber sie hat die Menschen auf dem Lande von den Städten abhängig gemacht

ale učinila lidi na venkově závislými na městech

Und ebenso hat sie die barbarischen Länder von den zivilisierten abhängig gemacht

a stejně tak učinila barbarské země závislými na zemích civilizovaných

Bauernnationen gegen Völker der Bourgeoisie, Osten gegen Westen

národy rolníků proti národům buržoazie, Východ proti Západu

Die Bourgeoisie beseitigt den zerstreuten Zustand der Bevölkerung mehr und mehr

Buržoazie stále více odstraňuje roztříštěnost obyvatelstva

Sie hat die Produktion agglomeriert und das Eigentum in wenigen Händen konzentriert

Má aglomerovanou výrobu a soustředí majetek v několika málo rukou

Die notwendige Konsequenz daraus war eine politische Zentralisierung

Nutným důsledkem toho byla politická centralizace

Es gab unabhängige Nationen und lose miteinander verbundene Provinzen

existovaly nezávislé národy a volně propojené provincie

Sie hatten getrennte Interessen, Gesetze, Regierungen und Steuersysteme

Měli odlišné zájmy, zákony, vlády a daňové systémy

Aber sie sind zu einer Nation zusammengeschmolzen, mit einer Regierung

Ale byli hozeni do jednoho pytle do jednoho národa s jednou vládou

Sie haben jetzt ein nationales Klasseninteresse, eine Grenze und einen Zolltarif

Mají nyní jeden národní třídní zájem, jednu hranici a jeden celní tarif

Und dieses nationale Klasseninteresse ist unter einem Gesetzbuch vereinigt

a tento národní třídní zájem je sjednocen v jednom zákoníku

die Bourgeoisie hat während ihrer knapp hundertjährigen Herrschaft viel erreicht

buržoazie dosáhla za své panství trvající sotva sto let mnohého

massivere und kolossalere Produktivkräfte als alle vorhergehenden Generationen zusammen

masivnější a kolosálnější výrobní síly, než měly všechny předchozí generace dohromady

Die Kräfte der Natur sind dem Willen des Menschen und seiner Maschinerie unterworfen

Síly přírody jsou podřízeny vůli člověka a jeho strojů

Die Chemie wird auf alle Industrieformen und Landwirtschaftsformen angewendet

chemie se uplatňuje ve všech formách průmyslu a druzích zemědělství

Dampfschiffahrt, Eisenbahnen, elektrische Telegraphen und die Druckerpresse

paroplavba, železnice, elektrický telegraf a tiskařský lis

Rodung ganzer Kontinente für den Anbau, Kanalisierung von Flüssen

mýcení celých kontinentů pro obdělávání, splavňování řek

ganze Populationen wurden aus dem Boden gezaubert und an die Arbeit gebracht

Celé populace byly vyrvány ze země a dány do práce

Welches frühere Jahrhundert hatte auch nur eine Ahnung von dem, was entfesselt werden könnte?

V jakém dřívějším století byla jen předtucha toho, co by mohlo být rozpoutáno?

Wer hat vorausgesagt, dass solche Produktivkräfte im Schoß der gesellschaftlichen Arbeit schlummern?

Kdo předpověděl, že takové výrobní síly dřímají v klíně společenské práce?

Wir sehen also, daß die Produktions- und Tauschmittel in der feudalen Gesellschaft erzeugt wurden

Vidíme tedy, že výrobní a směnné prostředky byly vytvořeny ve feudální společnosti

die Produktionsmittel, auf deren Grundlage sich die Bourgeoisie aufbaute

výrobních prostředků, na jejichž základech se buržoazie vybudovala

Auf einer bestimmten Stufe der Entwicklung dieser Produktions- und Tauschmittel

Na určitém stupni vývoje těchto výrobních a směnných prostředků

die Bedingungen, unter denen die feudale Gesellschaft produzierte und tauschte

podmínky, za nichž feudální společnost vyráběla a směňovala

Die feudale Organisation der Landwirtschaft und des verarbeitenden Gewerbes

feudální organizace zemědělství a manufakturního průmyslu

Die feudalen Eigentumsverhältnisse waren mit den materiellen Verhältnissen nicht mehr vereinbar

feudální vlastnické vztahy již nebyly slučitelné s materiálními podmínkami

Sie mussten gesprengt werden, also wurden sie auseinandergesprengt

Musely být roztrhány vedví, takže byly roztrhány vedví

An ihre Stelle trat die freie Konkurrenz der Produktivkräfte

Na jejich místo nastoupila volná konkurence výrobních sil

Und sie wurden von einer ihr angepassten sozialen und politischen Verfassung begleitet

a byly doprovázeny společenským a politickým zřízením, které mu bylo přizpůsobeno

und sie wurde begleitet von der ökonomischen und politischen Herrschaft der Bourgeoisie Klasse

a byla doprovázena ekonomickým a politickým panstvím buržoazní třídy

Eine ähnliche Bewegung vollzieht sich vor unseren eigenen Augen

Podobný pohyb se odehrává před našima vlastníma očima

Die moderne Bourgeoisie Gesellschaft mit ihren Produktions-, Tausch- und Eigentumsverhältnissen

Moderní buržoazní společnost se svými výrobními vztahy, směnnými a vlastnickými vztahy

eine Gesellschaft, die so gigantische Produktions- und Tauschmittel heraufbeschworen hat

Společnost, která vykouzlila tak gigantické výrobní a směnné prostředky

Es ist wie der Zauberer, der die Mächte der Unterwelt heraufbeschworen hat

Je to jako s čarodějem, který vyvolal síly podsvětí

Aber er ist nicht mehr in der Lage, zu kontrollieren, was er in die Welt gebracht hat

On však již není schopen ovládat to, co přinesl na svět

Viele Jahrzehnte lang war die vergangene Geschichte durch einen roten Faden miteinander verbunden

Po mnoho desetiletí byly minulé dějiny svázány společnou nití

Die Geschichte der Industrie und des Handels ist nichts anderes als die Geschichte der Revolten

Dějiny průmyslu a obchodu nebyly ničím jiným než dějinami vzpour

die Revolten der modernen Produktivkräfte gegen die modernen Produktionsbedingungen

Vzpoury moderních výrobních sil proti moderním výrobním podmínkám

die Revolten der modernen Produktivkräfte gegen die Eigentumsverhältnisse

Vzpoury moderních výrobních sil proti vlastnickým vztahům

diese Eigentumsverhältnisse sind die Bedingungen für die Existenz der Bourgeoisie

tyto vlastnické vztahy jsou podmínkami existence buržoazie

und die Existenz der Bourgeoisie bestimmt die Regeln der Eigentumsverhältnisse

a existence buržoazie určuje pravidla vlastnických vztahů

Es genügt, die periodische Wiederkehr von Handelskrisen zu erwähnen

Stačí se zmínit o periodickém návratu obchodních krizí

jede Handelskrise ist für die Bourgeoisie Gesellschaft bedrohlicher als die letzte

každá obchodní krize ohrožuje buržoazní společnost více než ta předchozí

In diesen Krisen wird ein großer Teil der bestehenden Produkte vernichtet

V těchto krizích je zničena velká část stávajících produktů

Diese Krisen zerstören aber auch die zuvor geschaffenen Produktivkräfte

Tyto krize však také ničí dříve vytvořené výrobní síly

In allen früheren Epochen wären diese Epidemien als Absurdität erschienen

Ve všech dřívějších dobách by se tyto epidemie zdály být absurditou

denn diese Epidemien sind die kommerziellen Krisen der Überproduktion

neboť tyto epidemie jsou obchodními krizemi z nadvýroby

Die Gesellschaft befindet sich plötzlich wieder in einem Zustand der momentanen Barbarei

Společnost se náhle ocitá zpět ve stavu momentálního barbarství

als ob ein allgemeiner Verwüstungskrieg jede Möglichkeit des Lebensunterhalts abgeschnitten hätte

jako by všeobecná ničivá válka odřízla všechny prostředky k obživě

Industrie und Handel scheinen zerstört worden zu sein; Und warum?

průmysl a obchod se zdají být zničeny; A proč?

Weil es zu viel Zivilisation und Subsistenzmittel gibt

Protože je příliš mnoho civilizace a prostředků k obživě

Und weil es zu viel Industrie und zu viel Handel gibt

a protože je příliš mnoho průmyslu a příliš mnoho obchodu

Die Produktivkräfte, die der Gesellschaft zur Verfügung stehen, entwickeln nicht mehr das Bourgeoisie Eigentum

Výrobní síly, které má společnost k dispozici, již nerozvíjejí buržoazní vlastnictví

im Gegenteil, sie sind zu mächtig geworden für diese Verhältnisse, durch die sie gefesselt sind

naopak, stali se příliš mocnými pro tyto poměry, kterými jsou spoutáni

sobald sie diese Fesseln überwunden haben, bringen sie Unordnung in die ganze Bourgeoisie Gesellschaft

jakmile tyto okovy překročí, vnášejí nepořádek do celé buržoazní společnosti

und die Produktivkräfte gefährden die Existenz des Bourgeoisie Eigentums

a výrobní síly ohrožují existenci buržoazního vlastnictví

Die Bedingungen der Bourgeoisie Gesellschaft sind zu eng, um den von ihnen geschaffenen Reichtum zu erfassen

Podmínky buržoazní společnosti jsou příliš úzké, než aby obsáhly bohatství, které vytvořila.

Und wie überwindet die Bourgeoisie diese Krisen?

A jak se buržoazie dostane z těchto krizí?

Einerseits überwindet sie diese Krisen durch die erzwungene Vernichtung einer Masse von Produktivkräften

Na jedné straně tyto krize překonává násilným ničením masy výrobních sil

Andererseits überwindet sie diese Krisen durch die Eroberung neuer Märkte

Na druhé straně překonává tyto krize dobýváním nových trhů

Und sie überwindet diese Krisen durch die gründlichere Ausbeutung der alten Produktivkräfte

a tyto krize překonává důkladnějším využíváním starých výrobních sil

Das heißt, indem sie den Weg für umfangreichere und zerstörerischere Krisen ebnen

To znamená tím, že vydláždí cestu rozsáhlejším a ničivějším krizím

Sie überwindet die Krise, indem sie die Mittel zur Krisenprävention einschränkt

překonává krizi tím, že oslabuje prostředky, jimiž lze krizím předcházet

Die Waffen, mit denen die Bourgeoisie den Feudalismus zu Fall brachte, sind jetzt gegen sich selbst gerichtet

Zbraně, kterými buržoazie srazila feudalismus k zemi, se nyní obrací proti ní samé

Aber die Bourgeoisie hat nicht nur die Waffen geschmiedet, die sich selbst den Tod bringen

Ale buržoazie nejen ukovala zbraně, které jí přinášejí smrt

Sie hat auch die Männer ins Leben gerufen, die diese Waffen führen sollen

Také povolala k životu muže, kteří mají tyto zbraně nosit

Und diese Männer sind die moderne Arbeiterklasse; Sie sind die Proletarier

a tito lidé jsou moderní dělnickou třídou; Jsou to proletáři

In dem Maße, wie die Bourgeoisie entwickelt ist, entwickelt sich auch das Proletariat

Tou měrou, jak se rozvíjí buržoazie, tou měrou se rozvíjí i proletariát

Die moderne Arbeiterklasse entwickelte eine Klasse von Arbeitern

Moderní dělnická třída vytvořila třídu dělníků

Diese Klasse von Arbeitern lebt nur so lange, wie sie Arbeit findet

Tato třída dělníků žije jen tak dlouho, dokud najde práci

Und sie finden nur so lange Arbeit, wie ihre Arbeit das Kapital vermehrt

a práci nacházejí jen tak dlouho, dokud jejich práce rozmnožuje kapitál

Diese Arbeiter, die sich stückweise verkaufen müssen, sind eine Ware

Tito dělníci, kteří se musí prodávat po částech, jsou zbožím

Diese Arbeiter sind wie jeder andere Handelsartikel

Tito dělníci jsou jako každý jiný obchodní artikl

und sie sind folglich allen Wechselfällen des Wettbewerbs ausgesetzt

a proto jsou vystaveni všem překážkám konkurence

Sie müssen alle Schwankungen des Marktes überstehen

Musí přečkat všechny výkyvy trhu

Aufgrund des umfangreichen Maschineneinsatzes und der Arbeitsteilung

Vzhledem k rozsáhlému používání strojů a dělbě práce

Die Arbeit der Proletarier hat jeden individuellen Charakter verloren

Práce proletářů ztratila veškerý individuální charakter

Und folglich hat die Arbeit der Proletarier für den Arbeiter jeden Reiz verloren

a v důsledku toho ztratila práce proletářů pro dělníka veškeré kouzlo

Er wird zu einem Anhängsel der Maschine und nicht mehr zu dem Mann, der er einmal war

Stává se přívěskem stroje, spíše než člověkem, kterým kdysi byl

Nur das einfachste, eintönigste und am leichtesten zu erwerbende Geschick wird von ihm verlangt

Vyžaduje se od něj jen ta nejprostší, jednotvárná a nejsnáze nabytá dovednost

Daher sind die Produktionskosten eines Arbeiters begrenzt

Výrobní náklady dělníka jsou tedy omezeny

sie beschränkt sich fast ausschließlich auf die Mittel zur Bestreitung des Lebensunterhalts, die er zu seinem Unterhalt benötigt

je omezena téměř výhradně na prostředky k obživě, které potřebuje ke své obživě

und sie beschränkt sich auf die Subsistenzmittel, die er zur Fortpflanzung seiner Rasse benötigt

a je omezena na prostředky k obživě, které potřebuje k rozmnožení své rasy

Aber der Preis einer Ware, also auch der Arbeit, ist gleich ihren Produktionskosten

Ale cena zboží, a tedy i cena práce, se rovná jeho výrobním nákladům

In dem Maße also, wie die Widerwärtigkeit der Arbeit zunimmt, sinkt der Lohn

Tou měrou, jak vzrůstá odpudivost práce, klesá tedy i mzda

Ja, die Widerwärtigkeit seiner Arbeit nimmt sogar noch mehr zu

Ba naopak, odpudivost jeho práce stoupá ještě více

In dem Maße, wie der Einsatz von Maschinen und die Arbeitsteilung zunehmen, steigt auch die Last der Arbeit

S tím, jak se zvyšuje používání strojů a dělba práce, vzrůstá i břemeno dřiny

Die Arbeitsbelastung wird durch die Verlängerung der Arbeitszeit erhöht

Břemeno dřiny se zvyšuje prodlužováním pracovní doby

Dem Arbeiter wird in der gleichen Zeit mehr zugemutet als zuvor

Od dělníka se očekává více ve stejné době jako dříve
Und natürlich wird die Last der Arbeit durch die
Geschwindigkeit der Maschinerie erhöht
a samozřejmě, že břemeno dřiny se zvyšuje s rychlostí strojů
Die moderne Industrie hat die kleine Werkstatt des
patriarchalischen Meisters in die große Fabrik des
industriellen Kapitalisten verwandelt
Velký průmysl přeměnil malou dílnu patriarchálního mistra
ve velkou továrnu průmyslového kapitalisty
Massen von Arbeitern, die in die Fabrik gedrängt sind, sind
wie Soldaten organisiert
Masy dělníků, namačkaných v továrně, jsou organizovány
jako vojáci
Als Gefreite der Industriearmee stehen sie unter dem
Kommando einer vollkommenen Hierarchie von Offizieren
und Unteroffizieren
Jako vojíni průmyslové armády jsou postaveni pod velení
dokonalé hierarchie důstojníků a seržantů
sie sind nicht nur die Sklaven der Bourgeoisie und des
Staates
nejsou to jen otroci buržoazní třídy a státu
Aber sie werden auch täglich und stündlich von der
Maschine versklavt
ale jsou také denně a každou hodinu zotročováni strojem
sie sind Sklaven des Aufsehers und vor allem des einzelnen
Bourgeoisie Fabrikanten selbst
jsou zotročeni dohlížejícím a především samotným
jednotlivým buržoazním továrníkem
Je offener dieser Despotismus den Gewinn als seinen Zweck
und sein Ziel proklamiert, desto kleinlicher, verhaßter und
verbitterender ist er
Čím otevřeněji tento despotismus prohlašuje zisk za svůj cíl a
cíl, tím je malichernější, nenávistnější a trpčí
Je mehr sich die moderne Industrie entwickelt, desto
geringer sind die Unterschiede zwischen den Geschlechtern

Čím více se moderní průmysl vyvíjí, tím menší jsou rozdíly mezi pohlavími

Je geringer die Geschicklichkeit und Kraftanstrengung der Handarbeit ist, desto mehr wird die Arbeit der Männer von der der Frauen verdrängt

Čím méně zručnosti a námahy síly je v manuální práci obsaženo, tím více je práce mužů nahrazována prací žen

Alters- und Geschlechtsunterschiede haben für die Arbeiterklasse keine besondere gesellschaftliche Gültigkeit mehr

Rozdíly ve věku a pohlaví již nemají pro dělnickou třídu žádnou výraznou sociální platnost

Alle sind Arbeitsinstrumente, die je nach Alter und Geschlecht mehr oder weniger teuer zu gebrauchen sind

Všechny jsou to pracovní prostředky, jejichž použití je více či méně nákladné, v závislosti na jejich věku a pohlaví

sobald der Arbeiter seinen Lohn in bar erhält, wird er von den übrigen Teilen der Bourgeoisie angegriffen

jakmile dělník dostane svou mzdu v hotovosti, pak se na něj vrhnou ostatní části buržoazie

der Vermieter, der Ladenbesitzer, der Pfandleiher usw

statkář, kramář, zastavárník atd.

Die unteren Schichten der Mittelschicht; die kleinen Handwerker und Ladenbesitzer

Nižší vrstvy střední třídy; drobní živnostníci a kramáři

die pensionierten Gewerbetreibenden überhaupt, die Handwerker und Bauern

vůbec pro vysloužilé řemeslníky, pro domácké výrobce a rolníky

all dies sinkt allmählich in das Proletariat ein

to vše se postupně noří do proletariátu

theils deshalb, weil ihr winziges Kapital nicht ausreicht für den Maßstab, in dem die moderne Industrie betrieben wird

zčásti proto, že jejich nepatrný kapitál nestačí na rozsah, v němž se provozuje velký průmysl

und weil sie in der Konkurrenz mit den Großkapitalisten überschwemmt wird

a protože je zavalena konkurencí s velkými kapitalisty

zum Teil deshalb, weil ihr spezialisiertes Können durch die neuen Produktionsmethoden wertlos wird

částečně proto, že jejich specializovaná dovednost se novými výrobními metodami stává bezcennou

So rekrutiert sich das Proletariat aus allen Klassen der Bevölkerung

Tak se proletariát rekrutuje ze všech tříd obyvatelstva

Das Proletariat durchläuft verschiedene Entwicklungsstufen

Proletariát prochází různými stupni vývoje

Mit ihrer Geburt beginnt der Kampf mit der Bourgeoisie

S jejím zrodem začíná její boj s buržoazií

Zuerst wird der Kampf von einzelnen Arbeitern geführt

Zpočátku je soutěž vedena jednotlivými dělníky

Dann wird der Kampf von den Arbeitern einer Fabrik ausgetragen

pak v soutěži pokračují dělníci z továrny

Dann wird der Kampf von den Arbeitern eines Gewerbes an einem Ort ausgetragen

pak je soutěž vedena dělníky jednoho řemesla na jednom místě

und der Kampf richtet sich dann gegen die einzelne Bourgeoisie, die sie direkt ausbeutet

a pak se bojuje proti jednotlivé buržoazii, která je přímo vykořisťuje

Sie richten ihre Angriffe nicht gegen die Bourgeoisie Produktionsbedingungen

Své útoky nezaměřují na buržoazní výrobní podmínky

aber sie richten ihren Angriff gegen die Produktionsmittel selbst

Svůj útok však zaměřují proti samotným výrobním nástrojům

Sie vernichten importierte Waren, die mit ihrer Arbeitskraft konkurrieren

Ničí dovážené zboží, které konkuruje jejich pracovní síle

Sie zertrümmern Maschinen und setzen Fabriken in Brand

Rozbíjejí stroje na kusy a zapalují továrny

sie versuchen, den verschwundenen Status des Arbeiters des Mittelalters mit Gewalt wiederherzustellen

snaží se násilím obnovit zaniklé postavení středověkého dělníka

In diesem Stadium bilden die Arbeiter noch eine unzusammenhängende Masse, die über das ganze Land verstreut ist

Na tomto stupni tvoří dělníci ještě nesourodou masu, roztroušenou po celé zemi

und sie werden durch ihre gegenseitige Konkurrenz zerrissen

a jsou rozbity vzájemnou konkurencí

Wenn sie sich irgendwo zu kompakteren Körpern vereinigen, so ist dies noch nicht die Folge ihrer eigenen aktiven Vereinigung

Spojí-li se někde v kompaktnější tělesa, není to ještě důsledek jejich vlastního činného spojení

aber es ist eine Folge der Vereinigung der Bourgeoisie, ihre eigenen politischen Ziele zu erreichen

ale je to důsledek sjednocení buržoazie, aby dosáhla svých vlastních politických cílů

die Bourgeoisie ist gezwungen, das ganze Proletariat in Bewegung zu setzen

buržoazie je nucena uvést do pohybu celý proletariát

und überdies ist die Bourgeoisie eine Zeitlang dazu in der Lage

a kromě toho je toho buržoazie prozatím schopna

In diesem Stadium kämpfen die Proletarier also nicht gegen ihre Feinde

V této fázi tedy proletáři nebojují proti svým nepřátelům

Stattdessen kämpfen sie gegen die Feinde ihrer Feinde

ale místo toho bojují proti nepřátelům svých nepřátel

Der Kampf gegen die Überreste der absoluten Monarchie und die Großgrundbesitzer

boj proti zbytkům absolutní monarchie a statkářům

sie bekämpfen die nicht-industrielle Bourgeoisie; das Kleiliche Bourgeoisie

bojují proti neprůmyslové buržoazii; maloburžoazie

So ist die ganze historische Bewegung in den Händen der Bourgeoisie konzentriert

Tak je celý historický pohyb soustředěn v rukou buržoazie

jeder so errungene Sieg ist ein Sieg der Bourgeoisie

každé takto získané vítězství je vítězstvím buržoazie

Aber mit der Entwicklung der Industrie wächst nicht nur die Zahl des Proletariats

Ale s rozvojem průmyslu proletariát nejen vzrůstá co do počtu

das Proletariat konzentriert sich in größeren Massen und seine Kraft wächst

proletariát se koncentruje ve větších masách a jeho síla roste

und das Proletariat spürt diese Kraft mehr und mehr

a proletariát pociťuje tuto sílu stále více a více

Die verschiedenen Interessen und Lebensbedingungen in den Reihen des Proletariats gleichen sich mehr und mehr an

Různé zájmy a životní podmínky v řadách proletariátu se stále více vyrovnávají

sie werden in dem Maße größer, wie die Maschinerie alle Unterschiede der Arbeit verwischt

stávají se tím měrnějšími, jak stroje stírají všechny rozdíly v práci

Und die Maschinen senken fast überall die Löhne auf das gleiche niedrige Niveau

a stroje téměř všude snižují mzdu na stejně nízkou úroveň

Die wachsende Konkurrenz der Bourgeoisie und die daraus resultierenden Handelskrisen lassen die Löhne der Arbeiter immer schwankender

Vzrůstající konkurence mezi buržoazií a z ní vyplývající obchodní krize způsobují, že mzdy dělníků stále více kolísají

Die unaufhörliche Verbesserung der sich immer schneller entwickelnden Maschinen macht ihren Lebensunterhalt immer prekärer

Neustálé zdokonalování strojů, které se stále rychleji rozvíjí,
činí jejich živobytí stále nejistějším
die Kollisionen zwischen einzelnen Arbeitern und
einzelnen Bourgeoisien nehmen immer mehr den Charakter
von Zusammenstößen zwischen zwei Klassen an
srážky mezi jednotlivými dělníky a jednotlivou buržoazií
nabývají stále více charakteru srážek mezi dvěma třídami
Darauf beginnen die Arbeiter, sich gegen die Bourgeoisie zu
verbünden (Gewerkschaften)
Nato dělníci začínají vytvářet spolčení (odbory) proti
buržoazii
Sie schließen sich zusammen, um die Löhne hoch zu halten
sdružují se, aby udrželi mzdu na vzestupu
sie gründeten ständige Vereinigungen, um für diese
gelegentlichen Revolten im voraus Vorsorge zu treffen
Založili stálé spolky, aby se předem připravili na tyto občasné
vzpoury
Hier und da bricht der Wettkampf in Ausschreitungen aus
Tu a tam propukne soutěž v nepokoje
Hin und wieder siegen die Arbeiter, aber nur für eine
gewisse Zeit
Tu a tam zvítězí dělníci, ale jen na čas
Die wirkliche Frucht ihrer Kämpfe liegt nicht in den
unmittelbaren Ergebnissen, sondern in der immer größer
werdenden Vereinigung der Arbeiter
Skutečné plody jejich bojů nespočívají v bezprostředním
výsledku, nýbrž ve stále se rozšiřujícím svazku dělníků
Diese Vereinigung wird durch die verbesserten
Kommunikationsmittel unterstützt, die von der modernen
Industrie geschaffen werden
Tomuto spojení napomáhají zdokonalené komunikační
prostředky, které vytváří moderní průmysl
Die moderne Kommunikation bringt die Arbeiter
verschiedener Orte miteinander in Kontakt
moderní komunikace umožňuje pracovníkům z různých
lokalit vzájemný kontakt

Es war gerade dieser Kontakt, der nötig war, um die zahlreichen lokalen Kämpfe zu einem nationalen Kampf zwischen den Klassen zu zentralisieren

A právě tohoto kontaktu bylo zapotřebí k tomu, aby se četné místní boje soustředily do jednoho národního boje mezi třídami

Alle diese Kämpfe haben den gleichen Charakter, und jeder Klassenkampf ist ein politischer Kampf

Všechny tyto boje mají týž charakter a každý třídní boj je bojem politickým

die Bürger des Mittelalters mit ihren elenden Landstraßen brauchten Jahrhunderte, um ihre Vereinigungen zu bilden

středověkým měšťanům s jejich bídnými cestami trvalo staletí, než utvořili své svazky

Die modernen Proletarier erreichen dank der Eisenbahn ihre Gewerkschaften innerhalb weniger Jahre

Moderní proletáři díky železnicím dosáhnou svých odborů během několika let

Diese Organisation der Proletarier zu einer Klasse formte sie folglich zu einer politischen Partei

Tato organizace proletářů ve třídu z nich následně zformovala politickou stranu

Die politische Klasse wird immer wieder durch die Konkurrenz zwischen den Arbeitern selbst verärgert

Politická třída je neustále znovu rozrušována konkurencí mezi samotnými dělníky

Aber die politische Klasse erhebt sich weiter, stärker, fester, mächtiger

Politická třída však opět povstává, silnější, pevnější a mocnější

Er zwingt zur gesetzgeberischen Anerkennung der besonderen Interessen der Arbeitnehmer

Vyžaduje legislativní uznání partikulárních zájmů pracujících

sie tut dies, indem sie sich die Spaltungen innerhalb der Bourgeoisie selbst zunutze macht

dělá to tak, že využívá rozdílů mezi samotnou buržoazií

Damit wurde das Zehnstundengesetz in England in Kraft gesetzt

Tak byl v Anglii uzákoněn zákon o desetihodinové pracovní době

in vielerlei Hinsicht ist der Zusammenstoß zwischen den Klassen der alten Gesellschaft ferner der Entwicklungsgang des Proletariats

v mnoha ohledech jsou srážky mezi třídami staré společnosti dalším směrem vývoje proletariátu

Die Bourgeoisie befindet sich in einem ständigen Kampf

Buržoazie se ocitá v neustálém boji

Zuerst wird sie sich in einem ständigen Kampf mit der Aristokratie wiederfinden

Zpočátku se ocitne v neustálém boji s aristokracií

später wird sie sich in einem ständigen Kampf mit diesen Teilen der Bourgeoisie selbst wiederfinden

později se ocitne v neustálém boji s těmi částmi buržoazie samotné

und ihre Interessen werden dem Fortschritt der Industrie entgegengesetzt sein

a jejich zájmy se stanou protichůdnými pokroku průmyslu

zu allen Zeiten werden ihre Interessen mit der Bourgeoisie fremder Länder in Konflikt geraten sein

jejich zájmy se budou vždy stavět do rozporu s buržoazií cizích zemí

In allen diesen Kämpfen sieht sie sich genötigt, an das Proletariat zu appellieren, und bittet es um Hilfe

Ve všech těchto bojích se cítí být nucena obracet se na proletariát a žádá ho o pomoc

Und so wird sie sich gezwungen sehen, sie in die politische Arena zu zerren

a tak se bude cítit nucen zatáhnout ji do politické arény

Die Bourgeoisie selbst versorgt also das Proletariat mit ihren eigenen Instrumenten der politischen und allgemeinen Erziehung

Buržoazie sama proto dodává proletariátu své vlastní nástroje politického a všeobecného vzdělání

mit anderen Worten, sie liefert dem Proletariat Waffen für den Kampf gegen die Bourgeoisie

jinými slovy, vybavuje proletariát zbraněmi k boji proti buržoazii

Ferner werden, wie wir schon gesehen haben, ganze Schichten der herrschenden Klassen in das Proletariat hineingestürzt

Dále, jak jsme již viděli, jsou celé vrstvy vládnoucích tříd vrženy do proletariátu

der Fortschritt der Industrie saugt sie in das Proletariat hinein

pokrok průmyslu je vtahuje do proletariátu

oder zumindest sind sie in ihren Existenzbedingungen bedroht

nebo jsou alespoň ohroženi ve svých existenčních podmínkách

Diese versorgen auch das Proletariat mit frischen Elementen der Aufklärung und des Fortschritts

Ty také dodávají proletariátu nové prvky osvícení a pokroku

Endlich, in Zeiten, in denen sich der Klassenkampf der entscheidenden Stunde nähert

A konečně v dobách, kdy se třídní boj blíží k rozhodující hodině

Der Auflösungsprozess innerhalb der herrschenden Klasse

proces rozkladu probíhající uvnitř vládnoucí třídy

In der Tat wird die Auflösung, die sich innerhalb der herrschenden Klasse vollzieht, in der gesamten Bandbreite der Gesellschaft zu spüren sein

Ve skutečnosti rozklad, který probíhá uvnitř vládnoucí třídy, bude pociťován v celé škále společnosti

Sie wird einen so gewalttätigen, krassen Charakter annehmen, dass ein kleiner Teil der herrschenden Klasse sich selbst abtreibt

Nabude tak násilného, do očí bijícího charakteru, že malá část vládnoucí třídy se odřízne od moře

Und diese herrschende Klasse wird sich der revolutionären Klasse anschließen

a že vládnoucí třída se připojí k revoluční třídě

Die revolutionäre Klasse ist die Klasse, die die Zukunft in ihren Händen hält

Revoluční třída je třídou, která drží budoucnost ve svých rukou

Wie in früheren Zeiten ging ein Teil des Adels zur Bourgeoisie über

Tak jako v dřívějších dobách přešla část šlechty k buržoazii

ebenso wird ein Teil der Bourgeoisie zum Proletariat übergehen

stejně tak část buržoazie přejde k proletariátu

insbesondere wird ein Teil der Bourgeoisie zu einem Teil der Bourgeoisie Ideologen übergehen

zejména část buržoazie přejde k části buržoazních ideologů

Bourgeoisie Ideologen, die sich auf die Ebene erhoben haben, die historische Bewegung als Ganzes theoretisch zu begreifen

Buržoazní ideologové, kteří se povznesli na úroveň teoretického chápání historického hnutí jako celku

Von allen Klassen, die heute der Bourgeoisie gegenüberstehen, ist das Proletariat allein eine wirklich revolutionäre Klasse

Ze všech tříd, které dnes stojí proti buržoazii, je jedině proletariát skutečně revoluční třídou

Die anderen Klassen zerfallen und verschwinden schließlich im Angesicht der modernen Industrie

Ostatní třídy upadají a nakonec mizí před velkým průmyslem

das Proletariat ist ihr besonderes und wesentliches Produkt

proletariát je jeho zvláštním a podstatným produktem

Die untere Mittelschicht, der kleine Fabrikant, der Ladenbesitzer, der Handwerker, der Bauer

Nižší střední třída, drobný továrník, kramář, řemeslník, rolník

all diese Kämpfe gegen die Bourgeoisie

všechny tyto boje proti buržoazii

Sie kämpfen als Fraktionen der Mittelschicht, um sich vor dem Aussterben zu retten

Bojují jako frakce střední třídy, aby se zachránili před vyhynutím

Sie sind also nicht revolutionär, sondern konservativ

Nejsou tedy revoluční, ale konzervativní

Ja, mehr noch, sie sind reaktionär, denn sie versuchen, das Rad der Geschichte zurückzudrehen

Ba co víc, jsou reakcionáři, protože se snaží vrátit kolo dějin zpět

Wenn sie zufällig revolutionär sind, so sind sie es nur im Hinblick auf ihre bevorstehende Überführung in das Proletariat

Jsou-li revoluční náhodou, jsou revoluční jen s ohledem na svůj blížící se přechod do proletariátu

Sie verteidigen also nicht ihre gegenwärtigen, sondern ihre zukünftigen Interessen

Nehájí tak své nynější, nýbrž budoucí zájmy

sie verlassen ihren eigenen Standpunkt, um sich auf den des Proletariats zu stellen

opouštějí své vlastní stanovisko, aby se postavili na stanovisko proletariátu

Die »gefährliche Klasse«, der soziale Abschaum, diese passiv verrottende Masse, die von den untersten Schichten der alten Gesellschaft abgeworfen wird

"Nebezpečná třída", sociální spodina, ta pasivně hnijící masa odvržená nejnižšími vrstvami staré společnosti

sie können hier und da von einer proletarischen Revolution in die Bewegung hineingerissen werden

Tu a tam mohou být vtaženi do hnutí proletářskou revolucí

Seine Lebensbedingungen bereiten ihn jedoch viel mehr auf die Rolle eines bestochenen Werkzeugs reaktionärer Intrigen vor

Jeho životní podmínky jej však mnohem více připravují k úplatku jako podplacený nástroj reakčních intrik

In den Verhältnissen des Proletariats sind die Verhältnisse der alten Gesellschaft im Allgemeinen bereits praktisch überschwemmt
V podmínkách proletariátu jsou lidé staré společnosti jako celku již prakticky zaplaveni
Der Proletarier ist ohne Eigentum
Proletář je bez majetku
sein Verhältnis zu Frau und Kindern hat mit den Familienverhältnissen der Bourgeoisie nichts mehr gemein
jeho vztah k ženě a dětem už nemá nic společného s rodinnými vztahy buržoazie
moderne industrielle Arbeit, moderne Unterwerfung unter das Kapital, dasselbe in England wie in Frankreich, in Amerika wie in Deutschland
moderní průmyslová práce, moderní podřízenost kapitálu, stejná v Anglii jako ve Francii, v Americe jako v Německu
Seine Stellung in der Gesellschaft hat ihm jede Spur von nationalem Charakter genommen
Jeho postavení ve společnosti ho zbavilo všech stop národního charakteru
Gesetz, Moral, Religion sind für ihn so viele Bourgeoisie Vorurteile
Zákon, morálka, náboženství jsou pro něj tolik buržoazních předsudků
und hinter diesen Vorurteilen lauern ebenso viele Bourgeoisie Interessen
a za těmito předsudky číhá v záloze právě tolik buržoazních zájmů
Alle vorhergehenden Klassen, die die Oberhand gewannen, versuchten, ihren bereits erworbenen Status zu festigen
Všechny předchozí třídy, které získaly převahu, se snažily upevnit své již nabyté postavení
Sie taten dies, indem sie die Gesellschaft als Ganzes ihren Aneignungsbedingungen unterwarfen
Činili tak tím, že společnost jako celek podřizovali svým podmínkám přivlastňování

Die Proletarier können nicht Herren der Produktivkräfte der Gesellschaft werden

Proletáři se nemohou stát pány výrobních sil společnosti

Sie kann dies nur tun, indem sie ihre eigene bisherige Aneignungsweise abschafft

Toho může dosáhnout pouze tím, že zruší svůj vlastní předchozí způsob přivlastňování

Und damit hebt sie auch jede andere bisherige Aneignungsweise auf

a tím také ruší všechny ostatní dosavadní způsoby přivlastňování

Sie haben nichts Eigenes zu sichern und zu festigen

Nemají nic vlastního, co by mohli zabezpečit a opevnit

Ihre Aufgabe ist es, alle bisherigen Sicherheiten und Versicherungen für individuelles Eigentum zu vernichten

Jejich posláním je zničit všechny předchozí záruky a pojištění individuálního majetku

Alle bisherigen historischen Bewegungen waren Bewegungen von Minderheiten

Všechna předchozí historická hnutí byla hnutími menšin

oder es handelte sich um Bewegungen im Interesse von Minderheiten

nebo to byla hnutí v zájmu menšin

Die proletarische Bewegung ist die selbstbewusste, selbständige Bewegung der ungeheuren Mehrheit

Proletářské hnutí je sebeuvědomělé, samostatné hnutí obrovské většiny

Und es ist eine Bewegung im Interesse der großen Mehrheit

a je to hnutí v zájmu obrovské většiny

Das Proletariat, die unterste Schicht unserer heutigen Gesellschaft

Proletariát, nejnižší vrstva naší nynější společnosti

Sie kann sich nicht regen oder erheben, ohne daß die ganze übergeordnete Schicht der offiziellen Gesellschaft in die Luft geschleudert wird

nemůže se pohnout ani povznést, aniž by se do povětří nevznesly všechny vládnoucí vrstvy oficiální společnosti
Der Kampf des Proletariats mit der Bourgeoisie ist, wenn auch nicht der Substanz nach, doch zunächst ein nationaler Kampf
Boj proletariátu s buržoazií, i když ne obsahem, přece formou, je zprvu bojem národním
Das Proletariat eines jeden Landes muss natürlich vor allem mit seiner eigenen Bourgeoisie abrechnen
Proletariát každé země si ovšem musí nejprve vyřídit věci se svou vlastní buržoazií
Indem wir die allgemeinsten Phasen der Entwicklung des Proletariats schilderten, verfolgten wir den mehr oder weniger verhüllten Bürgerkrieg
Při líčení nejobecnějších fází vývoje proletariátu jsme sledovali více či méně zastřenou občanskou válku
Diese Zivilgesellschaft wütet in der bestehenden Gesellschaft
Toto občanské zuří v nynější společnosti
Er wird bis zu dem Punkt wüten, an dem dieser Krieg in eine offene Revolution ausbricht
Bude zuřit až do bodu, kdy válka vypukne v otevřenou revoluci
und dann legt der gewaltsame Sturz der Bourgeoisie die Grundlage für die Herrschaft des Proletariats
a pak násilné svržení buržoazie položí základ pro vládu proletariátu
Bisher beruhte jede Gesellschaftsform, wie wir bereits gesehen haben, auf dem Antagonismus unterdrückender und unterdrückter Klassen
Až dosud byla, jak jsme již viděli, každá forma společnosti založena na protikladu utlačujících a utlačovaných tříd
Um aber eine Klasse zu unterdrücken, müssen ihr gewisse Bedingungen zugesichert werden
Aby však mohla třída utlačovat, musí jí být zajištěny určité podmínky

Die Klasse muss unter Bedingungen gehalten werden, unter denen sie wenigstens ihre sklavische Existenz fortsetzen kann

Třída musí být udržována za podmínek, v nichž může přinejmenším pokračovat ve své otrocké existenci

Der Leibeigene erhob sich in der Zeit der Leibeigenschaft zum Mitglied der Kommune

Nevolník se v době nevolnictví povýšil na člena komuny

so wie es dem Kleinbourgeoisie unter dem Joch des feudalen Absolutismus gelang, sich zur Bourgeoisie zu entwickeln

stejně jako se maloburžoazie pod jařmem feudálního absolutismu dokázala vyvinout v buržoazii

Der moderne Arbeiter dagegen sinkt, anstatt sich mit dem Fortschritt der Industrie zu erheben, immer tiefer

Naproti tomu moderní dělník, místo aby stoupal s pokrokem průmyslu, klesá stále hlouběji a hlouběji

Er sinkt unter die Existenzbedingungen seiner eigenen Klasse

klesá pod existenční podmínky své vlastní třídy

Er wird ein Bettler, und der Pauperismus entwickelt sich schneller als Bevölkerung und Reichtum

Stává se žebrákem a pauperismus se rozvíjí rychleji než obyvatelstvo a bohatství

Und hier zeigt sich, dass die Bourgeoisie nicht mehr geeignet ist, die herrschende Klasse in der Gesellschaft zu sein

A zde se ukazuje, že buržoazie už není způsobilá být vládnoucí třídou ve společnosti

und sie ist ungeeignet, der Gesellschaft ihre Existenzbedingungen als übergeordnetes Gesetz aufzuzwingen

a není způsobilá vnucovat společnosti své existenční podmínky jako nadřazený zákon

Sie ist unfähig zu herrschen, weil sie unfähig ist, ihrem Sklaven in seiner Sklaverei eine Existenz zu sichern

Je nezpůsobilé vládnout, protože není schopno zajistit svému otroku existenci v jeho otroctví

denn sie kann nicht anders, als ihn in einen solchen Zustand sinken zu lassen, daß sie ihn ernähren muss, statt von ihm gefüttert zu werden

neboť ho nemůže nenechat klesnout do takového stavu, že ho musí živit, místo aby jím krmil

Die Gesellschaft kann nicht länger unter dieser Bourgeoisie leben

Pod touto buržoazií již společnost nemůže žít

Mit anderen Worten, ihre Existenz ist nicht mehr mit der Gesellschaft vereinbar

jinými slovy, jeho existence již není slučitelná se společností

Die wesentliche Bedingung für die Existenz und die Herrschaft der Bourgeoisie Klasse ist die Bildung und Vermehrung des Kapitals

Podstatnou podmínkou existence a vlády buržoazní třídy je vytváření a rozmnožování kapitálu

Die Bedingung für das Kapital ist Lohnarbeit

Podmínkou kapitálu je námezdní práce

Die Lohnarbeit beruht ausschließlich auf der Konkurrenz zwischen den Arbeitern

Námezdní práce spočívá výhradně na konkurenci mezi dělníky

Der Fortschritt der Industrie, deren unfreiwilliger Förderer die Bourgeoisie ist, tritt an die Stelle der Isolierung der Arbeiter

Pokrok průmyslu, jehož bezděčným podporovatelem je buržoazie, nahrazuje izolaci dělníků

durch die Konkurrenz, durch ihre revolutionäre Kombination, durch die Assoziation

kvůli soutěži, kvůli jejich revolučnímu spojení, kvůli asociaci

Die Entwicklung der modernen Industrie schneidet ihr die Grundlage unter den Füßen weg, auf der die Bourgeoisie Produkte produziert und sich aneignet

Rozvoj velkého průmyslu podřezává pod jeho nohama
samotné základy, na nichž buržoazie vyrábí a přivlastňuje si
výrobky
**Was die Bourgeoisie vor allem produziert, sind ihre eigenen
Totengräber**
Buržoazie produkuje především své vlastní hrobaře
**Der Sturz der Bourgeoisie und der Sieg des Proletariats sind
gleichermaßen unvermeidlich**
Pád buržoazie i vítězství proletariátu jsou stejně nevyhnutelné

Proletarier und Kommunisten
Proletáři a komunisté
In welchem Verhältnis stehen die Kommunisten zu den Proletariern insgesamt?
V jakém poměru jsou komunisté k proletářům jako celku?
Die Kommunisten bilden keine eigene Partei, die anderen Arbeiterparteien entgegengesetzt ist
Komunisté netvoří samostatnou stranu, která by stála v opozici k ostatním dělnickým stranám
Sie haben keine Interessen, die von denen des Proletariats als Ganzes getrennt und getrennt sind
Nemají žádné zájmy oddělené a oddělené od zájmů proletariátu jako celku
Sie stellen keine eigenen sektiererischen Prinzipien auf, nach denen sie die proletarische Bewegung formen und formen könnten
Nestanovují si žádné vlastní sektářské principy, podle kterých by utvářeli a formovali proletářské hnutí
Die Kommunisten unterscheiden sich von den anderen Arbeiterparteien nur durch zwei Dinge
Komunisté se od ostatních dělnických stran liší pouze dvěma věcmi
Erstens: Sie weisen auf die gemeinsamen Interessen des gesamten Proletariats hin und bringen sie in den Vordergrund, unabhängig von jeder Nationalität
Za prvé poukazují na společné zájmy celého proletariátu, nezávisle na jakékoli národnosti, a staví je do popředí
Das tun sie in den nationalen Kämpfen der Proletarier der verschiedenen Länder
To dělají v národních bojích proletářů různých zemí
Zweitens vertreten sie immer und überall die Interessen der gesamten Bewegung
Za druhé, vždy a všude zastupují zájmy hnutí jako celku
das tun sie in den verschiedenen Entwicklungsstadien, die der Kampf der Arbeiterklasse gegen die Bourgeoisie zu durchlaufen hat

Dělají to na různých stupních vývoje, kterými musí projít boj dělnické třídy proti buržoazii

Die Kommunisten sind also auf der einen Seite praktisch der fortschrittlichste und entschiedenste Teil der Arbeiterparteien eines jeden Landes

Komunisté jsou tedy na jedné straně prakticky nejpokrokovější a nejrozhodnější složkou dělnických stran všech zemí

Sie sind der Teil der Arbeiterklasse, der alle anderen vorantreibt

Jsou tou částí dělnické třídy, která tlačí vpřed všechny ostatní

Theoretisch haben sie auch den Vorteil, dass sie die Marschlinie klar verstehen

teoreticky mají také tu výhodu, že jasně chápou linii pochodu

Das verstehen sie besser im Vergleich zu der großen Masse des Proletariats

to chápou lépe ve srovnání s velkou masou proletariátu

Sie verstehen die Bedingungen und die letzten allgemeinen Ergebnisse der proletarischen Bewegung

Chápou podmínky a konečné celkové výsledky proletářského hnutí

Das unmittelbare Ziel des Kommunisten ist dasselbe wie das aller anderen proletarischen Parteien

Bezprostřední cíl komunistů je stejný jako cíl všech ostatních proletářských stran

Ihr Ziel ist die Formierung des Proletariats zu einer Klasse

Jejich cílem je zformování proletariátu v třídu

sie zielen darauf ab, die Vorherrschaft der Bourgeoisie zu stürzen

jejich cílem je svrhnout nadvládu buržoazie

das Streben nach politischer Machteroberung durch das Proletariat

snaha o dobytí politické moci proletariátem

Die theoretischen Schlußfolgerungen der Kommunisten beruhen in keiner Weise auf Ideen oder Prinzipien der Reformer

Teoretické závěry komunistů se v žádném případě nezakládají na myšlenkách nebo zásadách reformátorů

es waren keine Möchtegern-Universalreformer, die die theoretischen Schlussfolgerungen der Kommunisten erfunden oder entdeckt haben

nebyli to rádoby univerzální reformátoři, kteří vymysleli nebo objevili teoretické závěry komunistů

Sie drücken lediglich in allgemeinen Begriffen tatsächliche Verhältnisse aus, die aus einem bestehenden Klassenkampf hervorgehen

Vyjadřují jen obecně skutečné vztahy, které vyvěrají z existujícího třídního boje

Und sie beschreiben die historische Bewegung, die sich unter unseren Augen abspielt und die diesen Klassenkampf hervorgebracht hat

a popisují historický pohyb probíhající před našima očima, který vytvořil tento třídní boj

Die Abschaffung bestehender Eigentumsverhältnisse ist keineswegs ein charakteristisches Merkmal des Kommunismus

Zrušení dosavadních vlastnických vztahů není vůbec charakteristickým rysem komunismu

Alle Eigentumsverhältnisse in der Vergangenheit waren einem ständigen historischen Wandel unterworfen

Všechny majetkové vztahy v minulosti neustále podléhají historickým změnám

Und diese Veränderungen waren eine Folge der Veränderung der historischen Bedingungen

a tyto změny byly důsledkem změny historických podmínek

Die Französische Revolution zum Beispiel schaffte das Feudaleigentum zugunsten des Bourgeoisie Eigentums ab

Francouzská revoluce například zrušila feudální vlastnictví ve prospěch buržoazního vlastnictví

Das Unterscheidungsmerkmal des Kommunismus ist nicht die Abschaffung des Eigentums im Allgemeinen

Charakteristickým rysem komunismu není zrušení vlastnictví obecně

aber das Unterscheidungsmerkmal des Kommunismus ist die Abschaffung des Bourgeoisie Eigentums

ale charakteristickým rysem komunismu je zrušení buržoazního vlastnictví

Aber das Privateigentum der modernen Bourgeoisie ist der letzte und vollständigste Ausdruck des Systems der Produktion und Aneignung von Produkten

Ale moderní buržoazní soukromé vlastnictví je posledním a nejúplnějším výrazem systému výroby a přivlastňování výrobků

Es ist der Endzustand eines Systems, das auf Klassengegensätzen beruht, wobei der Klassenantagonismus die Ausbeutung der Vielen durch die Wenigen ist

Je to konečný stav systému, který je založen na třídních antagonismech, kde třídní antagonismus je vykořisťováním většiny několika málo lidmi

In diesem Sinne läßt sich die Theorie der Kommunisten in einem einzigen Satz zusammenfassen; die Abschaffung des Privateigentums

V tomto smyslu lze teorii komunistů shrnout do jediné věty, Zrušení soukromého vlastnictví

Uns Kommunisten hat man vorgeworfen, das Recht auf persönlichen Eigentumserwerb abschaffen zu wollen

Nám komunistům bylo vyčítáno, že si přejeme zrušit právo na osobní nabývání majetku

Es wird behauptet, dass diese Eigenschaft die Frucht der eigenen Arbeit eines Menschen ist

Tvrdí se, že tato vlastnost je plodem vlastní práce člověka

Und diese Eigenschaft soll die Grundlage aller persönlichen Freiheit, Aktivität und Unabhängigkeit sein.

a toto vlastnictví je údajně základem veškeré osobní svobody, aktivity a nezávislosti.

"Hart erkämpftes, selbst erworbenes, selbst verdientes Eigentum!"

"Těžce vydobytý, samostatný, samostatně vydělaný majetek!"

Meinst du das Eigentum des kleinen Handwerkers und des Kleinbauern?

Myslíte vlastnictví drobného řemeslníka a drobného rolníka?

Meinen Sie eine Form des Eigentums, die der Bourgeoisie Form vorausging?

Máte na mysli formu vlastnictví, která předcházela buržoazní formě?

Es ist nicht nötig, sie abzuschaffen, die Entwicklung der Industrie hat sie zum großen Teil bereits zerstört

To není třeba rušit, rozvoj průmyslu je již do značné míry zničil

Und die Entwicklung der Industrie zerstört sie immer noch täglich

a rozvoj průmyslu ji stále denně ničí

Oder meinen Sie das moderne Bourgeoisie Privateigentum?

Nebo máte na mysli moderní buržoazní soukromé vlastnictví?

Aber schafft die Lohnarbeit irgendein Eigentum für den Arbeiter?

Vytváří však námezdní práce pro dělníka nějaké vlastnictví?

Nein, die Lohnarbeit schafft nicht ein bisschen von dieser Art von Eigentum!

Ne, námezdní práce nevytváří ani kousek tohoto druhu vlastnictví!

Was Lohnarbeit schafft, ist Kapital; jene Art von Eigentum, das Lohnarbeit ausbeutet

to, co námezdní práce vytváří, je kapitál; ten druh vlastnictví, který vykořisťuje námezdní práci

Das Kapital kann sich nur unter der Bedingung vermehren, daß es ein neues Angebot an Lohnarbeit für neue Ausbeutung erzeugt

Kapitál se může zvětšovat jen za podmínky, že zplodí novou zásobu námezdní práce pro nové vykořisťování

Das Eigentum in seiner jetzigen Form beruht auf dem Antagonismus von Kapital und Lohnarbeit

Vlastnictví ve své nynější formě se zakládá na protikladu mezi kapitálem a námezdní prací

Betrachten wir beide Seiten dieses Antagonismus

Prozkoumejme obě stránky tohoto protikladu

Kapitalist zu sein bedeutet nicht nur, einen rein persönlichen Status zu haben

Být kapitalistou neznamená mít jen čistě osobní status

Stattdessen bedeutet Kapitalist zu sein auch, einen sozialen Status in der Produktion zu haben

Být kapitalistou znamená mít také společenské postavení ve výrobě

weil Kapital ein kollektives Produkt ist; Nur durch das gemeinsame Handeln vieler Mitglieder kann sie in Gang gesetzt werden

protože kapitál je kolektivní produkt; Pouze společnou akcí mnoha členů může být uveden do pohybu

Aber dieses gemeinsame Handeln ist der letzte Ausweg und erfordert eigentlich alle Mitglieder der Gesellschaft

Ale tato společná akce je poslední možností a ve skutečnosti vyžaduje všechny členy společnosti

Das Kapital verwandelt sich in das Eigentum aller Mitglieder der Gesellschaft

Kapitál se přeměňuje ve vlastnictví všech členů společnosti

aber das Kapital ist also keine persönliche Macht; Es ist eine gesellschaftliche Macht

ale kapitál tedy není osobní silou; je to společenská síla

Wenn also Kapital in gesellschaftliches Eigentum umgewandelt wird, so verwandelt sich dadurch nicht persönliches Eigentum in gesellschaftliches Eigentum

Když se tedy kapitál přeměňuje ve společenské vlastnictví, nepřeměňuje se tím osobní vlastnictví ve společenské vlastnictví

Nur der gesellschaftliche Charakter des Eigentums wird verändert und verliert seinen Klassencharakter

Mění se jen společenský charakter vlastnictví, který ztrácí svůj třídní charakter

Betrachten wir nun die Lohnarbeit

Podívejme se nyní na námezdní práci

Der Durchschnittspreis der Lohnarbeit ist der Mindestlohn, d.h. das Quantum der Lebensmittel

Průměrná cena námezdní práce je minimální mzda, tj. množství životních prostředků

Dieser Lohn ist für die bloße Existenz als Arbeiter absolut notwendig

Tato mzda je naprosto nezbytná v pouhém bytí dělníka

Was sich also der Lohnarbeiter durch seine Arbeit aneignet, genügt nur, um ein bloßes Dasein zu verlängern und zu reproduzieren

To, co si tedy námezdní dělník svou prací přivlastňuje, stačí jen k tomu, aby prodloužilo a reprodukovalo jeho holou existenci

Wir beabsichtigen keineswegs, diese persönliche Aneignung der Arbeitsprodukte abzuschaffen

V žádném případě nemáme v úmyslu zrušit toto osobní přivlastňování produktů práce

eine Aneignung, die für die Erhaltung und Reproduktion des menschlichen Lebens bestimmt ist

přidělení určené na zachování a reprodukci lidského života

Eine solche persönliche Aneignung der Arbeitsprodukte lässt keinen Überschuss übrig, mit dem man die Arbeit anderer befehlen könnte

Takové osobní přivlastňování produktů práce nezanechává žádný přebytek, kterým by bylo možné řídit práci druhých

Alles, was wir beseitigen wollen, ist der erbärmliche Charakter dieser Aneignung

Jediné, čeho se chceme zbavit, je bídný charakter tohoto přivlastňování

die Aneignung, unter der der Arbeiter lebt, bloß um das Kapital zu vermehren

přivlastňování, v němž dělník žije jen proto, aby zvětšilo kapitál

Er darf nur leben, soweit es das Interesse der herrschenden Klasse erfordert

Je mu dovoleno žít jen do té míry, do jaké to vyžaduje zájem vládnoucí třídy

In der Bourgeoisie Gesellschaft ist die lebendige Arbeit nur ein Mittel, um die akkumulierte Arbeit zu vermehren

V buržoazní společnosti je živá práce jen prostředkem ke zvýšení nahromaděné práce

In der kommunistischen Gesellschaft ist die akkumulierte Arbeit nur ein Mittel, um die Existenz des Arbeiters zu erweitern, zu bereichern und zu fördern

V komunistické společnosti je nahromaděná práce jen prostředkem k rozšíření, obohacení a podpoře existence dělníka

In der Bourgeoisie Gesellschaft dominiert daher die Vergangenheit die Gegenwart

V buržoazní společnosti proto minulost dominuje přítomnosti

In der kommunistischen Gesellschaft dominiert die Gegenwart die Vergangenheit

v komunistické společnosti převládá přítomnost nad minulostí

In der Bourgeoisie Gesellschaft ist das Kapital unabhängig und hat Individualität

V buržoazní společnosti je kapitál nezávislý a má individualitu

In der Bourgeoisie Gesellschaft ist der lebende Mensch abhängig und hat keine Individualität

V buržoazní společnosti je živá osoba závislá a nemá žádnou individualitu

Und die Abschaffung dieses Zustandes wird von der Bourgeoisie als Abschaffung der Individualität und Freiheit bezeichnet!

A zrušení tohoto stavu věcí nazývá buržoazie zrušením individuality a svobody!

Und man nennt sie mit Recht die Abschaffung von Individualität und Freiheit!

A právem se to nazývá zrušením individuality a svobody!

Der Kommunismus strebt die Abschaffung der Bourgeoisie Individualität an

Komunismus usiluje o zrušení buržoazní individuality

Der Kommunismus strebt die Abschaffung der Unabhängigkeit der Bourgeoisie an

Komunismus má v úmyslu zrušit buržoazní samostatnost

Die BourgeoisieFreiheit ist zweifellos das, was der Kommunismus anstrebt

Buržoazní svoboda je nepochybně tím, o co komunismus usiluje

unter den gegenwärtigen Bourgeoisie Produktionsbedingungen bedeutet Freiheit freien Handel, freien Verkauf und freien Kauf

za současných buržoazních výrobních podmínek znamená svoboda volný obchod, volný prodej a nákup

Aber wenn das Verkaufen und Kaufen verschwindet, verschwindet auch das freie Verkaufen und Kaufen

Pokud ale zmizí prodej a nákup, zmizí i volný prodej a nákup

"Mutige Worte" der Bourgeoisie über den freien Verkauf und Kauf haben nur eine begrenzte Bedeutung

"Odvážná slova" buržoazie o volném prodeji a koupi mají smysl jen v omezeném smyslu

Diese Worte haben nur im Gegensatz zu eingeschränktem Verkauf und Kauf eine Bedeutung

Tato slova mají význam pouze v kontrastu s omezeným prodejem a nákupem

und diese Worte haben nur dann eine Bedeutung, wenn sie auf die gefesselten Händler des Mittelalters angewandt werden

a tato slova mají smysl jen tehdy, když se vztahují na spoutané obchodníky středověku

und das setzt voraus, dass diese Worte überhaupt eine Bedeutung im Bourgeoisie Sinne haben

a to předpokládá, že tato slova mají vůbec smysl v
buržoazním smyslu
**aber diese Worte haben keine Bedeutung, wenn sie
gebraucht werden, um sich gegen die kommunistische
Abschaffung des Kaufens und Verkaufens zu wehren**
ale tato slova nemají žádný význam, když jsou používána jako
odpor proti komunistickému zrušení kupování a prodávání
**die Worte haben keine Bedeutung, wenn sie gebraucht
werden, um sich gegen die Abschaffung der Bourgeoisie
Produktionsbedingungen zu wehren**
tato slova nemají žádný význam, když jsou používána proti
zrušení buržoazních výrobních podmínek
**und sie haben keine Bedeutung, wenn sie benutzt werden,
um sich gegen die Abschaffung der Bourgeoisie selbst zu
wehren**
a nemají žádný význam, když jsou používány jako opozice
proti zrušení samotné buržoazie
**Sie sind entsetzt über unsere Absicht, das Privateigentum
abzuschaffen**
Jste zděšeni naším úmyslem odstranit soukromé vlastnictví
**Aber in eurer jetzigen Gesellschaft ist das Privateigentum
für neun Zehntel der Bevölkerung bereits abgeschafft**
Ale ve vaší nynější společnosti je soukromé vlastnictví pro
devět desetin obyvatelstva již odstraněno
**Die Existenz des Privateigentums für einige wenige beruht
einzig und allein darauf, dass es in den Händen von neun
Zehnteln der Bevölkerung nicht existiert**
Existence soukromého vlastnictví pro hrstku je jen důsledkem
toho, že neexistuje v rukou devíti desetin obyvatelstva
**Sie werfen uns also vor, daß wir eine Form des Eigentums
abschaffen wollen**
Vyčítáte nám tedy, že máme v úmyslu odstranit nějakou
formu vlastnictví
**Aber das Privateigentum erfordert für die ungeheure
Mehrheit der Gesellschaft die Nichtexistenz jeglichen
Eigentums**

ale soukromé vlastnictví vyžaduje, aby pro nesmírnou většinu společnosti neexistoval žádný majetek

Mit einem Wort, Sie werfen uns vor, daß wir Ihr Eigentum beseitigen wollen

Jedním slovem, vyčítáte nám, že máme v úmyslu zbavit se vašeho majetku

Und genau so ist es; Ihr Eigentum abzuschaffen, ist genau das, was wir beabsichtigen

A je tomu přesně tak; zbavit se vašeho majetku je přesně to, co máme v úmyslu

Von dem Augenblick an, wo die Arbeit nicht mehr in Kapital, Geld oder Rente verwandelt werden kann

Od chvíle, kdy se práce již nemůže přeměnit v kapitál, peníze nebo rentu

wenn die Arbeit nicht mehr in eine gesellschaftliche Macht umgewandelt werden kann, die monopolisiert werden kann

když práce již nemůže být přeměněna ve společenskou moc, která by mohla být monopolizována

von dem Augenblick an, wo das individuelle Eigentum nicht mehr in Bourgeoisie Eigentum verwandelt werden kann

od okamžiku, kdy individuální vlastnictví již nemůže být přeměněno ve vlastnictví buržoazie

von dem Augenblick an, wo das individuelle Eigentum nicht mehr in Kapital verwandelt werden kann

od okamžiku, kdy individuální vlastnictví již nemůže být přeměněno v kapitál

Von diesem Moment an sagst du, dass die Individualität verschwindet

Od té chvíle říkáte, že individualita mizí

Sie müssen also gestehen, daß Sie mit »Individuum« keine andere Person meinen als die Bourgeoisie

Musíte tedy přiznat, že "jednotlivcem" nemyslíte nikoho jiného než buržoazii

Sie müssen zugeben, dass es sich speziell auf den Bourgeoisie Eigentümer von Immobilien bezieht

Musíte přiznat, že se konkrétně vztahuje na vlastníka majetku ze střední třídy

Diese Person muss in der Tat aus dem Weg geräumt und unmöglich gemacht werden

Tato osoba musí být přece smetena z cesty a znemožněna

Der Kommunismus beraubt niemanden der Macht, sich die Produkte der Gesellschaft anzueignen

Komunismus nezbavuje nikoho moci přivlastňovat si produkty společnosti

Alles, was der Kommunismus tut, ist, ihm die Macht zu nehmen, die Arbeit anderer durch eine solche Aneignung zu unterjochen

vše, co komunismus dělá, je, že ho zbavuje moci podrobit si práci druhých prostřednictvím takového přivlastňování

Man hat eingewendet, daß mit der Abschaffung des Privateigentums alle Arbeit aufhören werde

Někdo namítal, že po zrušení soukromého vlastnictví skončí veškerá práce

Und dann wird suggeriert, dass uns die universelle Faulheit überwältigen wird

a pak se naznačuje, že nás přemůže všeobecná lenost

Demnach hätte die BourgeoisieGesellschaft schon längst vor lauter Müßiggang vor die Hunde gehen müssen

Podle toho měla buržoazní společnost už dávno jít k smrti z čiré zahálky

denn diejenigen ihrer Mitglieder, die arbeiten, erwerben nichts

protože ti z jejích členů, kteří pracují, nezískávají nic

und diejenigen von ihren Mitgliedern, die etwas erwerben, arbeiten nicht

a ti z jejích členů, kteří něco získají, nepracují

Der ganze Einwand ist nur ein weiterer Ausdruck der Tautologie

Celá tato námitka je jen jiným výrazem tautologie

Es kann keine Lohnarbeit mehr geben, wenn es kein Kapital mehr gibt

Námezdní práce už nemůže existovat, když už není kapitál
Es gibt keinen Unterschied zwischen materiellen und mentalen Produkten
Není žádný rozdíl mezi materiálními produkty a duševními produkty
Der Kommunismus schlägt vor, dass beides auf die gleiche Weise produziert wird
Komunismus navrhuje, že obojí je produkováno stejným způsobem
aber die Einwände gegen die kommunistischen Produktionsweisen sind dieselben
ale námitky proti komunistickým způsobům jejich výroby jsou stejné
Für die Bourgeoisie ist das Verschwinden des Klasseneigentums das Verschwinden der Produktion selbst
pro buržoazii je zánik třídního vlastnictví zánikem samotné výroby
So ist für ihn das Verschwinden der Klassenkultur identisch mit dem Verschwinden aller Kultur
Zánik třídní kultury je pro něj tedy totožný se zánikem veškeré kultury
Diese Kultur, deren Verlust er beklagt, ist für die überwiegende Mehrheit ein bloßes Training, um als Maschine zu agieren
Kultura, nad jejíž ztrátou běduje, je pro obrovskou většinu pouhým tréninkem k tomu, aby se chovala jako stroj
Die Kommunisten haben die Absicht, die Kultur des Bourgeoisie Eigentums abzuschaffen
Komunisté mají velmi v úmyslu zrušit kulturu buržoazního vlastnictví
Aber zankt euch nicht mit uns, solange ihr den Maßstab eurer Bourgeoisie Vorstellungen von Freiheit, Kultur, Recht usw. anlegt
Ale nehádejte se s námi, pokud budete uplatňovat měřítka svých buržoazních představ o svobodě, kultuře, právu atd

Eure Ideen selbst sind nur die Auswüchse der Bedingungen eurer Bourgeoisie Produktion und eures Bourgeoisie Eigentums

Vaše vlastní ideje jsou jen výsledkem podmínek vaší buržoazní výroby a buržoazního vlastnictví

so wie eure Jurisprudenz nichts anderes ist als der Wille eurer Klasse, der zum Gesetz für alle gemacht wurde

Tak jako vaše právní věda není ničím jiným než vůlí vaší třídy, která se stala zákonem pro všechny

Der wesentliche Charakter und die Richtung dieses Willens werden durch die ökonomischen Bedingungen bestimmt, die Ihre soziale Klasse schafft

Základní charakter a směřování této vůle jsou určeny ekonomickými podmínkami, které vytváří vaše společenská třída

Der selbstsüchtige Irrtum, der dich veranlaßt, soziale Formen in ewige Gesetze der Natur und der Vernunft zu verwandeln

Sobecký omyl, který vás vede k přeměně společenských forem ve věčné zákony přírody a rozumu

die gesellschaftlichen Formen, die aus eurer gegenwärtigen Produktionsweise und Eigentumsform entspringen

společenské formy, které vyrůstají z vašeho nynějšího výrobního způsobu a formy vlastnictví

historische Beziehungen, die im Fortschritt der Produktion auf- und verschwinden

historické vztahy, které vznikají a mizí v průběhu výroby

Dieses Missverständnis teilt ihr mit jeder herrschenden Klasse, die euch vorausgegangen ist

Tuto mylnou představu sdílíte s každou vládnoucí třídou, která byla před vámi

Was Sie bei antikem Eigentum klar sehen, was Sie bei feudalem Eigentum zugeben

Co jasně vidíte u starého vlastnictví, co připouštíte u feudálního vlastnictví

diese Dinge dürfen Sie natürlich nicht zugeben, wenn es sich um Ihre eigene BourgeoisieEigentumsform handelt

tyto věci je vám ovšem zakázáno připustit, jde-li o vaši vlastní buržoazní formu vlastnictví

Abschaffung der Familie! Selbst die Radikalsten entrüsten sich über diesen infamen Vorschlag der Kommunisten

Zrušení rodiny! Dokonce i ti nejradikálnější vzplanuli nad tímto hanebným návrhem komunistů

Auf welcher Grundlage beruht die heutige Familie, die BourgeoisieFamilie?

Na jakém základě je založena nynější rodina, buržoazní rodina?

Die Gründung der heutigen Familie beruht auf Kapital und privatem Gewinn

Základ současné rodiny je založen na kapitálu a soukromém zisku

In ihrer voll entwickelten Form existiert diese Familie nur unter der Bourgeoisie

Ve své úplně vyvinuté formě existuje tato rodina jen mezi buržoazií

Dieser Zustand der Dinge findet seine Ergänzung in der praktischen Abwesenheit der Familie bei den Proletariern

Tento stav věcí nachází svůj doplněk v praktické absenci rodiny mezi proletáři

Dieser Zustand ist in der öffentlichen Prostitution zu finden

Tento stav věcí lze nalézt ve veřejné prostituci

Die BourgeoisieFamilie wird wie selbstverständlich verschwinden, wenn ihr Komplement verschwindet

Buržoazní rodina zmizí jako samozřejmost, jakmile zmizí její doplněk

Und beides wird mit dem Verschwinden des Kapitals verschwinden

a obojí zmizí se zánikem kapitálu

Werfen Sie uns vor, dass wir die Ausbeutung von Kindern durch ihre Eltern stoppen wollen?

Obviňujete nás z toho, že chceme zastavit vykořisťování dětí jejich rodiči?

Diesem Verbrechen bekennen wir uns schuldig
K tomuto zločinu se přiznáváme
Aber, werden Sie sagen, wir zerstören die heiligsten Beziehungen, wenn wir die häusliche Erziehung durch die soziale Erziehung ersetzen
Řeknete však, že ničíme nejposvátnější vztahy, když nahradíme domácí výchovu výchovou společenskou
Ist Ihre Erziehung nicht auch sozial? Und wird sie nicht von den gesellschaftlichen Bedingungen bestimmt, unter denen man erzieht?
Není vaše vzdělání také sociální? A není to dáno společenskými podmínkami, za kterých vychováváte?
durch direkte oder indirekte Eingriffe in die Gesellschaft, durch Schulen usw.
přímým nebo nepřímým zásahem společnosti, prostřednictvím škol atd.
Die Kommunisten haben die Einmischung der Gesellschaft in die Erziehung nicht erfunden
Komunisté nevynalezli zásah společnosti do vzdělávání
Sie versuchen lediglich, den Charakter dieses Eingriffs zu ändern
Snaží se pouze změnit povahu tohoto zásahu
Und sie versuchen, das Bildungswesen vor dem Einfluss der herrschenden Klasse zu retten
a snaží se zachránit vzdělání z vlivu vládnoucí třídy
Die Bourgeoisie spricht von der geheiligten Beziehung von Eltern und Kind
Buržoazie mluví o posvátném soužití rodiče a dítěte
aber dieses Geschwätz über die Familie und die Erziehung wird um so widerwärtiger, wenn wir die moderne Industrie betrachten
ale tato past na rodinu a vzdělání se stává o to odpornější, když se podíváme na velký průmysl

Alle Familienbande unter den Proletariern werden durch die moderne Industrie zerrissen

Všechny rodinné svazky mezi proletáři jsou rozervány velkým průmyslem

ihre Kinder werden zu einfachen Handelsartikeln und Arbeitsinstrumenten

Jejich děti se promění v prosté obchodní předměty a pracovní nástroje

Aber ihr Kommunisten würdet eine Gemeinschaft von Frauen schaffen, schreit die ganze Bourgeoisie im Chor

Ale vy komunisté byste vytvořili ženskou komunitu, křičí sborově celá buržoazie

Die Bourgeoisie sieht in seiner Frau ein bloßes Produktionsinstrument

Buržoazie vidí ve své ženě pouhý výrobní nástroj

Er hört, dass die Produktionsmittel von allen ausgebeutet werden sollen

Slyší, že výrobní nástroje mají být využívány všemi

Und natürlich kann er zu keinem anderen Schluß kommen, als daß das Los, allen gemeinsam zu sein, auch den Frauen zufallen wird

a přirozeně nemůže dojít k jinému závěru než k tomu, že úděl být společný všem připadne také ženám

Er hat nicht einmal den geringsten Verdacht, dass es in Wirklichkeit darum geht, die Stellung der Frau als bloße Produktionsinstrumente abzuschaffen

Nemá ani tušení, že ve skutečnosti jde o to, aby se odstranilo postavení žen jako pouhých výrobních nástrojů

Im übrigen ist nichts lächerlicher als die tugendhafte Empörung unserer Bourgeoisie über die Gemeinschaft der Frauen

Ostatně není nic směšnějšího než ctnostné rozhořčení naší buržoazie nad společenstvím žen

sie tun so, als ob sie von den Kommunisten offen und offiziell eingeführt werden sollte

předstírají, že má být otevřeně a oficiálně založena komunisty

Die Kommunisten haben es nicht nötig, die Gemeinschaft der Frauen einzuführen, sie existiert fast seit undenklichen Zeiten

Komunisté nemají potřebu zavádět komunitu žen, existuje téměř od nepaměti

Unsere Bourgeoisie begnügt sich nicht damit, die Frauen und Töchter ihrer Proletarier zur Verfügung zu haben

Naše buržoazie se nespokojuje s tím, že má k dispozici ženy a dcery svých proletářů

Sie haben das größte Vergnügen daran, ihre Frauen gegenseitig zu verführen

mají největší potěšení z toho, že si navzájem svádějí manželky

Und das ist noch nicht einmal von gewöhnlichen Prostituierten zu sprechen

a to ani nemluvím o obyčejných prostitutkách

Die BourgeoisieEhe ist in Wirklichkeit ein System gemeinsamer Ehefrauen

Buržoazní manželství je ve skutečnosti systémem společných manželek

dann gibt es eine Sache, die man den Kommunisten vielleicht vorwerfen könnte

pak je tu jedna věc, která by snad mohla být komunistům vytýkána

Sie wollen eine offen legalisierte Gemeinschaft von Frauen einführen

Touží po zavedení otevřeně legalizované komunity žen

statt einer heuchlerisch verhüllten Gemeinschaft von Frauen

spíše než pokrytecky skrývané společenství žen

Die Gemeinschaft der Frauen, die aus dem Produktionssystem hervorgegangen ist

komunita žen pramenící ze systému výroby

Schafft das Produktionssystem ab, und ihr schafft die Gemeinschaft der Frauen ab

Zrušte výrobní systém a zrušíte společenství žen

Sowohl die öffentliche Prostitution als auch die private Prostitution wird abgeschafft

Byla zrušena jak veřejná prostituce, tak soukromá prostituce

Den Kommunisten wird noch dazu vorgeworfen, sie wollten Länder und Nationalitäten abschaffen

Komunistům se dále více vytýká, že si přejí zrušit země a národnosti

Die Arbeiter haben kein Vaterland, also können wir ihnen nicht nehmen, was sie nicht haben

Pracující lidé nemají žádnou vlast, takže jim nemůžeme vzít to, co nemají

Das Proletariat muss vor allem die politische Herrschaft erlangen

Proletariát musí v první řadě získat politické panství

Das Proletariat muss sich zur führenden Klasse der Nation erheben

Proletariát se musí pozvednout a stát se vedoucí třídou národa

Das Proletariat muss sich zur Nation konstituieren

Proletariát se musí ustavit národem

sie ist bis jetzt selbst national, wenn auch nicht im Bourgeoisie Sinne des Wortes

je zatím sama o sobě národní, i když ne v buržoazním smyslu slova

Nationale Unterschiede und Gegensätze zwischen den Völkern verschwinden täglich mehr und mehr

Národnostní rozdíly a protiklady mezi národy se den ode dne více a více vytrácejí

der Entwicklung der Bourgeoisie, der Freiheit des Handels, des Weltmarktes

díky rozvoji buržoazie, svobodě obchodu, světovému trhu

zur Gleichförmigkeit der Produktionsweise und der ihr entsprechenden Lebensbedingungen

stejnorodosti výrobního způsobu a jemu odpovídajících životních podmínek

Die Herrschaft des Proletariats wird sie noch schneller verschwinden lassen

Nadvláda proletariátu způsobí, že zmizí ještě rychleji

Die einheitliche Aktion, wenigstens der führenden zivilisierten Länder, ist eine der ersten Bedingungen für die Befreiung des Proletariats

Jednotná akce, přinejmenším ve vedoucích civilisovaných zemích, je jednou z prvních podmínek osvobození proletariátu

In dem Maße, wie der Ausbeutung eines Individuums durch ein anderes ein Ende gesetzt wird, wird auch der Ausbeutung einer Nation durch eine andere ein Ende gesetzt.

Tou měrou, jak se bude skončit vykořisťování jednoho jednotlivce druhým, bude také ukončeno vykořisťování jednoho národa druhým

In dem Maße, wie der Antagonismus zwischen den Klassen innerhalb der Nation verschwindet, wird die Feindschaft einer Nation gegen die andere ein Ende haben

Tou měrou, jak mizí protiklad mezi třídami uvnitř národa, tím skončí i nepřátelství jednoho národa vůči druhému

Die Anschuldigungen gegen den Kommunismus, die von einem religiösen, philosophischen und allgemein von einem ideologischen Standpunkt aus erhoben werden, verdienen keine ernsthafte Prüfung

Obvinění proti komunismu vznesená z hlediska náboženského, filozofického a vůbec z ideologického hlediska nezasluhují vážného zkoumání

Braucht es eine tiefe Intuition, um zu begreifen, dass sich die Ideen, Ansichten und Vorstellungen des Menschen mit jeder Veränderung der Bedingungen seiner materiellen Existenz ändern?

Je třeba hlubokého cítění, abychom pochopili, že myšlenky, názory a pojmy člověka se mění s každou změnou podmínek jeho hmotného bytí?

Ist es nicht offensichtlich, dass das Bewusstsein des Menschen sich Verändert, wenn seine sozialen Beziehungen und sein soziales Leben ändern?

Není snad samozřejmé, že vědomí člověka se mění, když se mění jeho společenské vztahy a společenský život?

Was beweist die Ideengeschichte anderes, als daß die geistige Produktion ihren Charakter in dem Maße ändert, wie die materielle Produktion verändert wird?

Co jiného dokazují dějiny idejí, než že intelektuální produkce mění svůj charakter tou měrou, jak se mění materiální výroba?

Die herrschenden Ideen eines jeden Zeitalters waren immer die Ideen seiner herrschenden Klasse

Vládnoucí ideje každé doby byly vždy idejemi její vládnoucí třídy

Wenn Menschen von Ideen sprechen, die die Gesellschaft revolutionieren, drücken sie nur eine Tatsache aus

Když lidé mluví o myšlenkách, které revolucionizují společnost, vyjadřují jen jednu skutečnost

Innerhalb der alten Gesellschaft wurden die Elemente einer neuen geschaffen

Ve staré společnosti byly vytvořeny prvky nové společnosti

und daß die Auflösung der alten Ideen mit der Auflösung der alten Daseinsverhältnisse Schritt hält

a že rozklad starých idejí drží krok s rozkladem starých existenčních podmínek

Als die Antike in den letzten Zügen lag, wurden die alten Religionen vom Christentum überwunden

Když byl starověký svět v posledních křečích, byla starověká náboženství přemožena křesťanstvím

Als die christlichen Ideen im 18. Jahrhundert den rationalistischen Ideen erlagen, kämpfte die feudale Gesellschaft ihren Todeskampf mit der damals revolutionären Bourgeoisie

Když křesťanské ideje v 18. století podlehly racionalistickým idejím, feudální společnost svedla smrtelnou bitvu s tehdejší revoluční buržoazií

Die Ideen der Religions- und Gewissensfreiheit brachten lediglich die Herrschaft des freien Wettbewerbs auf dem Gebiet des Wissens zum Ausdruck

Myšlenky náboženské svobody a svobody svědomí pouze vyjadřovaly nadvládu svobodné soutěže v oblasti vědění

"Zweifellos", wird man sagen, "sind religiöse, moralische, philosophische und juristische Ideen im Laufe der geschichtlichen Entwicklung modifiziert worden"

Řekne se, že "náboženské, mravní, filozofické a právní ideje se v průběhu dějinného vývoje nepochybně změnily"

"Aber Religion, Moralphilosophie, Politikwissenschaft und Recht überlebten diesen Wandel ständig."

"Ale náboženství, filozofie morálky, politická věda a právo neustále přežívaly tuto změnu."

"Es gibt auch ewige Wahrheiten, wie Freiheit, Gerechtigkeit usw."

"Existují také věčné pravdy, jako je svoboda, spravedlnost atd."

"Diese ewigen Wahrheiten sind allen Zuständen der Gesellschaft gemeinsam"

"Tyto věčné pravdy jsou společné všem stavům společnosti"

"Aber der Kommunismus schafft die ewigen Wahrheiten ab, er schafft alle Religion und alle Moral ab."

"Ale komunismus ruší věčné pravdy, ruší veškeré náboženství a veškerou morálku."

"Sie tut dies, anstatt sie auf einer neuen Grundlage zu konstituieren"

"dělá to, místo aby je ustavovala na novém základě"

"Sie handelt daher im Widerspruch zu allen bisherigen historischen Erfahrungen"

"jedná tedy v rozporu s veškerou minulou historickou zkušeností"

Worauf reduziert sich dieser Vorwurf?

Na co se toto obvinění redukuje?

Die Geschichte aller vergangenen Gesellschaften hat in der Entwicklung von Klassengegensätzen bestanden

Dějiny celé minulé společnosti spočívaly ve vývoji třídních protikladů

Antagonismen, die in verschiedenen Epochen unterschiedliche Formen annahmen

antagonismy, které nabývaly různých forem v různých epochách

Aber welche Form sie auch immer angenommen haben mögen, eine Tatsache ist allen vergangenen Zeitaltern gemeinsam

Ale ať už na sebe vzaly jakoukoli formu, jedna skutečnost je společná všem minulým věkům

die Ausbeutung eines Teils der Gesellschaft durch den anderen

vykořisťování jedné části společnosti druhou

Kein Wunder also, dass sich das gesellschaftliche Bewußtsein vergangener Zeiten innerhalb gewisser allgemeiner Formen oder allgemeiner Vorstellungen bewegt

Není tedy divu, že se společenské vědomí minulých věků pohybuje v určitých běžných formách nebo obecných idejích

(und das trotz aller Vielfalt und Vielfalt, die es zeigt)

(a to navzdory vší rozmanitosti a rozmanitosti, kterou zobrazuje)

Und diese können nur mit dem gänzlichen Verschwinden der Klassengegensätze völlig verschwinden

a ty nemohou úplně zmizet jinak než úplným vymizením třídních protikladů

Die kommunistische Revolution ist der radikalste Bruch mit den traditionellen Eigentumsverhältnissen

Komunistická revoluce je nejradikálnějším rozchodem s tradičními vlastnickými vztahy

Kein Wunder, dass ihre Entwicklung den radikalsten Bruch mit den traditionellen Vorstellungen mit sich bringt

Není divu, že její vývoj zahrnuje nejradikálnější rozchod s tradičními idejemi

Aber lassen wir die Einwände der Bourgeoisie gegen den Kommunismus hinter uns

Ale skončeme s námitkami buržoazie vůči komunismu

Wir haben oben den ersten Schritt der Arbeiterklasse in der Revolution gesehen

Výše jsme viděli první krok v revoluci dělnické třídy

Das Proletariat muss zur Herrschaft erhoben werden, um den Kampf der Demokratie zu gewinnen
Proletariát musí být povýšen do pozice vládce, aby vyhrál bitvu za demokracii
Das Proletariat wird seine politische Vorherrschaft benutzen, um der Bourgeoisie nach und nach alles Kapital zu entreißen
Proletariát využije své politické nadvlády k tomu, aby postupně vyrval buržoazii všechen kapitál
sie wird alle Produktionsmittel in den Händen des Staates zentralisieren
bude centralizovat všechny výrobní nástroje v rukou státu
Mit anderen Worten, das Proletariat organisierte sich als herrschende Klasse
Jinými slovy, proletariát se organizoval jako vládnoucí třída
Und sie wird die Summe der Produktivkräfte so schnell wie möglich vermehren
a co nejrychleji zvýší úhrn výrobních sil
Natürlich kann dies anfangs nur durch despotische Eingriffe in die Eigentumsrechte geschehen
Samozřejmě, že na začátku to nemůže být provedeno jinak než prostřednictvím despotických zásahů do vlastnických práv
und sie muss unter den Bedingungen der Bourgeoisie Produktion erreicht werden
a musí být dosaženo za podmínek buržoazní výroby
Sie wird also durch Maßnahmen erreicht, die wirtschaftlich unzureichend und unhaltbar erscheinen
Toho je proto dosaženo pomocí opatření, která se jeví jako ekonomicky nedostatečná a neudržitelná
aber diese Mittel überflügeln sich im Laufe der Bewegung selbst
ale tyto prostředky v průběhu pohybu předstihují samy sebe
sie erfordern weitere Eingriffe in die alte Gesellschaftsordnung
Vyžadují další zásahy do starého společenského řádu

und sie sind unvermeidlich, um die Produktionsweise völlig zu revolutionieren

a jsou nevyhnutelné jako prostředek k úplné revoluci ve výrobním způsobu

Diese Maßnahmen werden natürlich in den verschiedenen Ländern unterschiedlich sein

Tato měřítka se budou samozřejmě v různých zemích lišit

Nichtsdestotrotz wird in den am weitesten fortgeschrittenen Ländern das Folgende ziemlich allgemein anwendbar sein

Nicméně v nejvyspělejších zemích bude následující docela obecně platit

1. Abschaffung des Grundeigentums und Verwendung aller Grundrenten für öffentliche Zwecke.

1. Zrušení vlastnictví půdy a použití všech pozemkových rent.

2. Eine hohe progressive oder abgestufte Einkommensteuer.

2. Vysoká progresivní nebo odstupňovaná daň z příjmu.

3. Abschaffung jeglichen Erbrechts.

3. Zrušení veškerého dědického práva.

4. Konfiskation des Eigentums aller Emigranten und Rebellen.

4. Konfiskace majetku všech emigrantů a vzbouřenců.

5. Zentralisierung des Kredits in den Händen des Staates durch eine Nationalbank mit staatlichem Kapital und ausschließlichem Monopol.

5. Centralizace úvěrů v rukou státu prostřednictvím národní banky se státním kapitálem a výhradním monopolem.

6. Zentralisierung der Kommunikations- und Transportmittel in den Händen des Staates.

6. Centralizace komunikačních a dopravních prostředků v rukou státu.

7. Ausbau der Fabriken und Produktionsmittel im Eigentum des Staates

7. Rozšíření továren a výrobních nástrojů ve vlastnictví státu

die Kultivierung von Ödland und die Verbesserung des Bodens überhaupt nach einem gemeinsamen Plan.

obdělávání pustin a všeobecné zlepšování půdy v souladu se společným plánem.

8. Gleiche Haftung aller für die Arbeit

8. Stejná odpovědnost všech vůči práci

Aufbau von Industriearmeen, vor allem für die Landwirtschaft.

Zřizování průmyslových armád, zejména pro zemědělství.

9. Kombination der Landwirtschaft mit dem verarbeitenden Gewerbe

9. Spojení zemědělství s výrobním průmyslem

allmähliche Aufhebung der Unterscheidung zwischen Stadt und Land durch eine gleichmäßigere Verteilung der Bevölkerung über das Land.

Postupné odstraňování rozdílu mezi městem a venkovem prostřednictvím rovnoměrnějšího rozdělení obyvatelstva po celé zemi.

10. Kostenlose Bildung für alle Kinder in öffentlichen Schulen.

10. Bezplatné vzdělání pro všechny děti ve veřejných školách.

Abschaffung der Kinderfabrikarbeit in ihrer jetzigen Form

Zrušení dětské tovární práce v její současné podobě

Kombination von Bildung und industrieller Produktion

Spojení vzdělávání s průmyslovou výrobou

Wenn im Laufe der Entwicklung die Klassenunterschiede verschwunden sind

Až v průběhu vývoje zmizí třídní rozdíly

und wenn die ganze Produktion in den Händen einer ungeheuren Assoziation der ganzen Nation konzentriert ist

a když veškerá výroba byla soustředěna v rukou obrovského sdružení celého národa

dann verliert die Staatsgewalt ihren politischen Charakter

pak veřejná moc ztratí svůj politický charakter

Politische Macht, eigentlich so genannt, ist nichts anderes als die organisierte Macht einer Klasse, um eine andere zu unterdrücken

Politická moc ve vlastním slova smyslu je jen organizovaná
moc jedné třídy k utlačování druhé třídy
**Wenn das Proletariat in seinem Kampf mit der Bourgeoisie
durch die Gewalt der Umstände gezwungen ist, sich als
Klasse zu organisieren**
Je-li proletariát během svého zápasu s buržoazií nucen silou
okolností organizovat se jako třída
**wenn sie sich durch eine Revolution zur herrschenden
Klasse macht**
pokud se prostřednictvím revoluce stane vládnoucí třídou
**und als solche fegt sie mit Gewalt die alten
Produktionsbedingungen hinweg**
a jako taková násilím strhává staré výrobní podmínky
**dann wird sie mit diesen Bedingungen auch die
Bedingungen für die Existenz der Klassengegensätze und
der Klassen überhaupt hinweggefegt haben**
Pak spolu s těmito podmínkami smete i podmínky pro
existenci třídních protikladů a tříd vůbec
**und wird damit seine eigene Vorherrschaft als Klasse
aufgehoben haben.**
a tím zruší svou vlastní nadvládu jako třídy.
**An die Stelle der alten Bourgeoisie Gesellschaft mit ihren
Klassen und Klassengegensätzen treten eine Assoziation**
Na místo staré buržoazní společnosti s jejími třídami a
třídními protiklady nastoupí sdružení
**eine Assoziation, in der die freie Entwicklung eines jeden
die Bedingung für die freie Entwicklung aller ist**
Sdružení, v němž svobodný rozvoj každého je podmínkou
svobodného rozvoje všech

1) Reaktionärer Sozialismus
1) Reakční socialismus

a) Feudaler Sozialismus
a) Feudální socialismus

die Aristokratien Frankreichs und Englands hatten eine einzigartige historische Stellung
aristokracie Francie a Anglie měla jedinečné historické postavení
es wurde zu ihrer Berufung, Pamphlete gegen die moderne Boureoisie Gesellschaft zu schreiben
stalo se jejich povoláním psát pamflety proti moderní buržoazní společnosti
In der französischen Revolution vom Juli 1830 und in der englischen Reformagitation
Ve francouzské revoluci v červenci 1830 a v anglické reformní agitaci
Diese Aristokratien erlagen wieder dem hasserfüllten Emporkömmling
Tato aristokracie opět podlehla nenáviděnému povýšenci
An cine ernsthafte politische Auseinandersetzung war fortan nicht mehr zu denken
Od té doby nepřicházelo vůbec v úvahu vážný politický souboj
Alles, was möglich blieb, war eine literarische Schlacht, keine wirkliche Schlacht
Jediné, co zbývalo, byla literární bitva, nikoli skutečná bitva
Aber auch auf dem Gebiet der Literatur waren die alten Schreie der Restaurationszeit unmöglich geworden
Ale i v oblasti literatury se staré výkřiky z doby restaurace staly nemožnými
Um Sympathie zu erregen, mußte die Aristokratie offenbar ihre eigenen Interessen aus den Augen verlieren
Aby vzbudila sympatie, musela aristokracie zřejmě ztratit ze zřetele své vlastní zájmy

und sie waren gezwungen, ihre Anklage gegen die Bourgeoisie im Interesse der ausgebeuteten Arbeiterklasse zu formulieren

a byli nuceni formulovat svou obžalobu proti buržoazii v zájmu vykořisťované dělnické třídy

So rächte sich die Aristokratie, indem sie ihren neuen Herrn verspottete

Tak se aristokracie pomstila tím, že svého nového pána zesměšňovala

Und sie rächten sich, indem sie ihm unheimliche Prophezeiungen über die kommende Katastrophe ins Ohr flüsterten

a pomstili se mu tím, že mu do uší šeptali zlověstná proroctví o blížící se katastrofě

So entstand der feudale Sozialismus: halb Klage, halb Spott

Tak vznikl feudální socialismus: napůl nářek, napůl výsměch

Es klang halb wie ein Echo der Vergangenheit und projizierte halb die Bedrohung der Zukunft

znělo to jako napůl ozvěna minulosti a napůl jako promítaná hrozba budoucnosti

zuweilen traf sie durch ihre bittere, geistreiche und scharfe Kritik die Bourgeoisie bis ins Mark

někdy svou hořkou, vtipnou a pronikavou kritikou zasáhla buržoazii až do samého jádra

aber es war immer lächerlich in seiner Wirkung, weil es völlig unfähig war, den Gang der neueren Geschichte zu begreifen

ale ve svém účinku to bylo vždy směšné, protože to nebylo vůbec možné pochopit běh moderních dějin

Die Aristokratie schwenkte, um das Volk um sich zu scharen, den proletarischen Almosensack als Banner

Aristokracie, aby k sobě přitáhla lid, mávala před sebou proletářským měšcem almužny jako praporem

Aber das Volk, so oft es sich zu ihnen gesellte, sah auf seinem Hinterteil die alten Feudalwappen

Ale lid, kdykoli se k nim připojil, viděl na svých zadcích staré
feudální erby
Und sie verließen mit lautem und respektlosem Gelächter
a oni odešli s hlasitým a neuctivým smíchem
**Ein Teil der französischen Legitimisten und des "jungen
Englands" zeigte dieses Schauspiel**
Jedna část francouzských legitimistů a "mladé Anglie"
předváděla toto představení
**die Feudalisten wiesen darauf hin, dass ihre
Ausbeutungsweise eine andere sei als die der Bourgeoisie**
feudálové poukazovali na to, že jejich způsob vykořisťování je
odlišný od způsobu vykořisťování buržoazie
**Die Feudalisten vergessen, dass sie unter ganz anderen
Umständen und Bedingungen ausgebeutet haben**
Feudálové zapomínají, že vykořisťovali za okolností a
podmínek, které byly zcela odlišné
**Und sie haben nicht bemerkt, dass solche Methoden der
Ausbeutung heute veraltet sind**
A nevšimli si, že takové metody vykořisťování jsou nyní
zastaralé
**Sie zeigten, dass unter ihrer Herrschaft das moderne
Proletariat nie existiert hat**
Ukázali, že pod jejich vládou moderní proletariát nikdy
neexistoval
**aber sie vergessen, daß die moderne Bourgeoisie der
notwendige Sprößling ihrer eigenen Gesellschaftsform ist**
zapomínají však, že moderní buržoazie je nutným potomkem
jejich vlastní společenské formy
**Im übrigen verbergen sie kaum den reaktionären Charakter
ihrer Kritik**
Ostatně stěží skrývají reakční charakter své kritiky
**ihre Hauptanklage gegen die Bourgeoisie läuft auf
folgendes hinaus**
jejich hlavní obvinění proti buržoazii spočívá v tomto:
**unter dem Boureoisie Regime entwickelt sich eine soziale
Klasse**

za buržoazního režimu se rozvíjí společenská třída
**Diese soziale Klasse ist dazu bestimmt, die alte
Gesellschaftsordnung an der Wurzel zu zerschneiden**
Tato společenská třída je předurčena k tomu, aby vytrhala
kořeny a větve starého společenského řádu
**Womit sie die Bourgeoisie aufpeppen, ist nicht so sehr, dass
sie ein Proletariat schafft**
Buržoazii nekáží ani tak tím, že vytváří proletariát
**womit sie die Bourgeoisie aufpeppen, ist mehr, dass sie ein
revolutionäres Proletariat schafft**
buržoazii vyčítají tím víc, že vytváří revoluční proletariát
**In der politischen Praxis beteiligen sie sich daher an allen
Zwangsmaßnahmen gegen die Arbeiterklasse**
V politické praxi se proto připojují ke všem donucovacím
opatřením proti dělnické třídě
**Und im gewöhnlichen Leben bücken sie sich, trotz ihrer
hochtrabenden Phrasen, um die goldenen Äpfel
aufzuheben, die vom Baum der Industrie fallen gelassen
wurden**
A v obyčejném životě, navzdory svým vzletným frázím, se
shýbají, aby sebrali zlatá jablka spadlá ze stromu průmyslu
**Und sie tauschen Wahrheit, Liebe und Ehre gegen den
Handel mit Wolle, Rote-Bete-Zucker und Kartoffelbränden**
a vyměňují pravdu, lásku a čest za obchod s vlnou, cukrem z
červené řepy a bramborovými lihovinami
**Wie der Pfarrer immer Hand in Hand mit dem Gutsherrn
gegangen ist, so ist es der klerikale Sozialismus mit dem
feudalen Sozialismus getan**
Tak jako šel farář vždy ruku v ruce s pozemkovým
vlastníkem, tak šel klerikální socialismus ruku v ruce se
socialismem feudálním
**Nichts ist leichter, als der christlichen Askese einen
sozialistischen Anstrich zu geben**
Není nic snazšího, než dát křesťanské askezi socialistický
nádech

Hat nicht das Christentum gegen das Privateigentum, gegen die Ehe, gegen den Staat deklamiert?

Nebrojilo snad křesťanství proti soukromému vlastnictví, proti manželství, proti státu?

Hat das Christentum nicht an die Stelle dieser Nächstenliebe und Armut getreten?

Nekázalo křesťanství místo těchto dobročinnosti a chudoby?

Predigt das Christentum nicht den Zölibat und die Abtötung des Fleisches, das monastische Leben und die Mutter Kirche?

Nehlásá křesťanství celibát a umrtvování těla, mnišský život a matku církev?

Der christliche Sozialismus ist nur das Weihwasser, mit dem der Priester das Herzbrennen des Aristokraten weiht

Křesťanský socialismus není nic jiného než svěcená voda, kterou kněz posvěcuje pálení srdce aristokrata

b) Kleinbürgerlicher Sozialismus
b) Maloburžoazní socialismus

Die feudale Aristokratie war nicht die einzige Klasse, die von der Bourgeoisie ruiniert wurde
Feudální aristokracie nebyla jedinou třídou, která byla buržoazií zruinována
sie war nicht die einzige Klasse, deren Existenzbedingungen in der Atmosphäre der modernen Bourgeoisie Gesellschaft schmachten und zugrunde gingen
nebyla to jediná třída, jejíž životní podmínky chřadly a zanikaly v ovzduší moderní buržoazní společnosti
Die mittelalterliche Bürgerschaft und die kleinbäuerlichen Eigentümer waren die Vorläufer des modernen Bourgeoisie
Středověcí měšťané a drobní rolníci byli předchůdci moderní buržoazie
In den Ländern, die industriell und kommerziell nur wenig entwickelt sind, vegetieren diese beiden Klassen noch Seite an Seite
V zemích, které jsou průmyslově i obchodně jen málo vyvinuté, živoří tyto dvě třídy ještě vedle sebe
und in der Zwischenzeit erhebt sich die Bourgeoisie neben ihnen: industriell, kommerziell und politisch
a mezitím vedle nich povstává buržoazie: průmyslově, obchodně a politicky
In den Ländern, in denen die moderne Zivilisation voll entwickelt ist, hat sich eine neue Klasse des Kleinbourgeoisie gebildet
V zemích, kde se moderní civilizace plně rozvinula, se vytvořila nová třída maloburžoazie
diese neue soziale Klasse schwankt zwischen Proletariat und Bourgeoisie
tato nová společenská třída kolísá mezi proletariátem a buržoazií
und sie erneuert sich ständig als ergänzender Teil der Bourgeoisie Gesellschaft

a stále se obnovuje jako doplňková součást buržoazní
společnosti
Die einzelnen Glieder dieser Klasse aber werden
fortwährend in das Proletariat hinabgeschleudert
Jednotliví členové této třídy jsou však neustále sráženi do
proletariátu
sie werden vom Proletariat durch die Einwirkung der
Konkurrenz aufgesaugt
jsou vysáváni proletariátem působením konkurence
In dem Maße, wie sich die moderne Industrie entwickelt,
sehen sie sogar den Augenblick herannahen, in dem sie als
eigenständiger Teil der modernen Gesellschaft völlig
verschwinden wird
S rozvojem moderního průmyslu dokonce vidí, že se blíží
okamžik, kdy zcela zmizí jako samostatná část moderní
společnosti
Sie werden in der Manufaktur, in der Landwirtschaft und
im Handel durch Aufseher, Gerichtsvollzieher und Krämer
ersetzt werden
V manufakturách, zemědělství a obchodu je nahradí dozorci,
soudní vykonavatelé a obchodníci
In Ländern wie Frankreich, wo die Bauern weit mehr als die
Hälfte der Bevölkerung ausmachen
V zemích jako Francie, kde rolníci tvoří mnohem více než
polovinu obyvatelstva
es war natürlich, dass es Schriftsteller gab, die sich auf die
Seite des Proletariats gegen die Bourgeoisie stellten
bylo přirozené, že se našli spisovatelé, kteří se postavili na
stranu proletariátu proti buržoazii
in ihrer Kritik am Bourgeoisie Regime benutzten sie den
Maßstab des Bauern- und Kleinbourgeoisie
ve své kritice buržoazního režimu používali standard rolnické
a maloburžoazie
Und vom Standpunkt dieser Zwischenklassen aus ergreifen
sie die Keule für die Arbeiterklasse

a s hlediska těchto středních tříd se ujímají klacků za
dělnickou třídu

**So entstand der Kleinbourgeoisie Sozialismus, dessen
Haupt Sismondi nicht nur in Frankreich, sondern auch in
England war**

Tak vznikl maloburžoazní socialismus, jehož hlavou stál
Sismondi, a to nejen ve Francii, ale i v Anglii

**Diese Schule des Sozialismus sezierte mit großer Schärfe die
Widersprüche in den Bedingungen der modernen
Produktion**

Tato škola socialismu rozpitvala s velkou ostrostí rozpory v
podmínkách moderní výroby

**Diese Schule entlarvte die heuchlerischen
Entschuldigungen der Ökonomen**

Tato škola odhalila pokrytecké omluvy ekonomů

**Diese Schule bewies unwiderlegbar die verheerenden
Auswirkungen der Maschinerie und der Arbeitsteilung**

Tato škola nezvratně dokázala zhoubné účinky strojů a dělby
práce

**Es bewies die Konzentration von Kapital und Grund und
Boden in wenigen Händen**

Dokazuje to koncentraci kapitálu a půdy v několika málo
rukou

sie bewies, wie Überproduktion zu Bourgeoisie-Krisen führt

dokázala, jak nadvýroba vede ke krizím buržoazie

**sie wies auf den unvermeidlichen Ruin des
Kleinbourgeoisie' und der Bauern hin**

poukazovala na nevyhnutelný úpadek maloburžoazie a
rolnictva

**das Elend des Proletariats, die Anarchie in der Produktion,
die schreiende Ungleichheit in der Verteilung des
Reichtums**

bída proletariátu, anarchie ve výrobě, křiklavé nerovnosti v
rozdělování bohatství

**Er zeigte, wie das Produktionssystem den industriellen
Vernichtungskrieg zwischen den Nationen führt**

Ukázala, jak výrobní systém vede průmyslovou vyhlazovací válku mezi národy

die Auflösung der alten sittlichen Bande, der alten Familienverhältnisse, der alten Nationalitäten

Rozpad starých mravních pout, starých rodinných vztahů, starých národností

In ihren positiven Zielen strebt diese Form des Sozialismus jedoch eines von zwei Dingen an

Ve svých pozitivních cílech však tato forma socialismu usiluje o dosažení jedné ze dvou věcí

Entweder zielt sie darauf ab, die alten Produktions- und Tauschmittel wiederherzustellen

Buď má za cíl obnovit staré výrobní a směnné prostředky

und mit den alten Produktionsmitteln würde sie die alten Eigentumsverhältnisse und die alte Gesellschaft wiederherstellen

a se starými výrobními prostředky by obnovila staré vlastnické vztahy a starou společnost

oder sie zielt darauf ab, die modernen Produktions- und Austauschmittel in den alten Rahmen der Eigentumsverhältnisse zu zwängen

nebo se snaží vtěsnat moderní výrobní a směnné prostředky do starého rámce vlastnických vztahů

In beiden Fällen ist es sowohl reaktionär als auch utopisch

V každém případě je to jak reakční, tak utopické

Seine letzten Worte lauten: Korporativzünfte für die Manufaktur, patriarchalische Verhältnisse in der Landwirtschaft

Její poslední slova jsou: průmyslové cechy korporací, patriarchální vztahy v zemědělství

Schließlich, als hartnäckige historische Tatsachen alle berauschenden Wirkungen der Selbsttäuschung zerstreut hatten,

Nakonec, když tvrdošíjná historická fakta rozptýlila všechny opojné účinky sebeklamu

diese Form des Sozialismus endete in einem elenden Anfall von Mitleid
tato forma socialismu skončila žalostným záchvatem lítosti

c) Deutscher oder "wahrer" Sozialismus
c) Německý, čili "pravý" socialismus

Die sozialistische und kommunistische Literatur Frankreichs entstand unter dem Druck einer herrschenden Bourgeoisie
Socialistická a komunistická literatura Francie vznikla pod tlakem buržoazie u moci
Und diese Literatur war der Ausdruck des Kampfes gegen diese Macht
a tato literatura byla výrazem boje proti této moci
sie wurde in Deutschland zu einer Zeit eingeführt, als die Bourgeoisie gerade ihren Kampf mit dem feudalen Absolutismus begonnen hatte
Byla zavedena v Německu v době, kdy buržoazie právě začala svůj boj s feudálním absolutismem
Deutsche Philosophen, Möchtegern-Philosophen und Beaux Esprits griffen begierig zu dieser Literatur
Němečtí filozofové, rádoby filozofové a krásní espritové, se této literatury dychtivě chopili
aber sie vergaßen, daß die Schriften aus Frankreich nach Deutschland einwanderten, ohne die französischen Gesellschaftsverhältnisse mitzubringen
ale zapomněli, že spisy se přestěhovaly z Francie do Německa, aniž by s sebou přinesly francouzské sociální poměry
Im Kontakt mit den deutschen gesellschaftlichen Verhältnissen verlor diese französische Literatur ihre unmittelbare praktische Bedeutung
Ve styku s německými sociálními poměry ztratila tato francouzská literatura všechen svůj bezprostřední praktický význam

und die kommunistische Literatur Frankreichs nahm in deutschen akademischen Kreisen einen rein literarischen Aspekt an

a komunistická literatura Francie nabyla v německých akademických kruzích čistě literárního aspektu

So waren die Forderungen der ersten Französischen Revolution nichts anderes als die Forderungen der "praktischen Vernunft"

A tak požadavky první francouzské revoluce nebyly ničím jiným než požadavky "praktického rozumu"

und die Willensäußerung der revolutionären französischen Bourgeoisie bedeutete in ihren Augen das Gesetz des reinen Willens

a vyslovení vůle revoluční francouzské buržoazie znamenalo v jejich očích zákon čisté vůle

es bedeutete den Willen, wie er sein mußte; des wahren menschlichen Willens überhaupt

znamenalo to vůli, jaká musela být; pravé lidské vůle vůbec

Die Welt der deutschen Literaten bestand einzig und allein darin, die neuen französischen Ideen mit ihrem alten philosophischen Gewissen in Einklang zu bringen

Svět německých literátů záležel jen v tom, aby uvedli nové francouzské ideje do souladu se svým starým filosofickým svědomím

oder vielmehr, sie annektierten die französischen Ideen, ohne ihren eigenen philosophischen Standpunkt aufzugeben

nebo spíše si připojili francouzské ideje, aniž by opustili své vlastní filozofické hledisko

Diese Annexion vollzog sich auf die gleiche Weise, wie man sich eine Fremdsprache aneignet, nämlich durch Übersetzung

K této anexi došlo stejným způsobem, jakým se přivlastňuje cizí jazyk, totiž překladem

Es ist bekannt, wie die Mönche alberne Leben katholischer Heiliger über Manuskripte schrieben

Je dobře známo, jak mniši psali hloupé životy katolických světců přes rukopisy

die Manuskripte, auf denen die klassischen Werke des antiken Heidentums geschrieben waren

Rukopisy, na nichž byla napsána klasická díla starověkého pohanství

Die deutschen Literaten kehrten diesen Prozess mit der profanen französischen Literatur um

Němečtí literáti tento proces obrátili světskou francouzskou literaturou

Sie schrieben ihren philosophischen Unsinn unter das französische Original

Své filosofické nesmysly napsali pod francouzský originál

Zum Beispiel schrieben sie unter der französischen Kritik an den ökonomischen Funktionen des Geldes "Entfremdung der Menschheit"

Například pod francouzskou kritiku ekonomických funkcí peněz napsali "Odcizení lidskosti"

unter die französische Kritik am Bourgeoisie Staat schrieben sie "Entthronung der Kategorie des Generals"

pod francouzskou kritiku buržoazního státu napsali "sesazení z trůnu kategorie obecného"

Die Einführung dieser philosophischen Phrasen hinter der französischen Geschichtskritik nannten sie:

Uvedení těchto filozofických frází na pozadí francouzských historických kritik nazvali:

"Philosophie des Handelns", "Wahrer Sozialismus", "Deutsche Sozialismuswissenschaft", "Philosophische Grundlagen des Sozialismus" und so weiter

"Filosofie činu", "Pravý socialismus", "Německá věda o socialismu", "Filosofické základy socialismu" a tak dále

Die französische sozialistische und kommunistische Literatur wurde damit völlig entmannt

Francouzská socialistická a komunistická literatura tak byla úplně vykleštěna

in den Händen der deutschen Philosophen hörte sie auf, den
Kampf der einen Klasse mit der anderen auszudrücken
v rukou německých filosofů přestala vyjadřovat boj jedné
třídy s druhou
und so fühlten sich die deutschen Philosophen bewußt, die
"französische Einseitigkeit" überwunden zu haben
a tak si němečtí filosofové byli vědomi, že překonali
"francouzskou jednostrannost"
Sie musste keine wahren Forderungen repräsentieren,
sondern sie repräsentierte Forderungen der Wahrheit
Nemusela představovat skutečné požadavky, spíše
představovala požadavky pravdy
es gab kein Interesse am Proletariat, sondern an der
menschlichen Natur
nebyl tu žádný zájem o proletariát, spíše byl zájem o lidskou
přirozenost
das Interesse galt dem Menschen überhaupt, der keiner
Klasse angehört und keine Wirklichkeit hat
zájem byl o člověka obecně, který nepatří do žádné třídy a
nemá žádnou skutečnost
ein Mann, der nur im nebligen Reich der philosophischen
Fantasie existiert
Člověk, který existuje pouze v mlžné říši filozofické fantazie
aber schließlich verlor auch dieser deutsche
Schulsozialismus seine pedantische Unschuld
ale nakonec i tento školácký německý socialismus ztratil svou
pedantskou nevinnost
die deutsche Bourgeoisie und besonders die preußische
Bourgeoisie kämpfte gegen die feudale Aristokratie
německá buržoazie a zejména pruská buržoazie bojovala proti
feudální aristokracii
auch die absolute Monarchie Deutschlands und Preußens
wurde bekämpft
bojovalo se také proti absolutní monarchii Německa a Pruska
Und im Gegenzug wurde auch die Literatur der liberalen
Bewegung ernster

A na oplátku se literatura liberálního hnutí stala také
seriéznější
**Deutschlands lang ersehnte Chance auf einen "wahren"
Sozialismus wurde geboten**
Německu byla nabídnuta dlouho vytoužená příležitost pro
"pravý" socialismus
**die Möglichkeit, die politische Bewegung mit den
sozialistischen Forderungen zu konfrontieren**
možnost konfrontovat politické hnutí se socialistickými
požadavky
**die Gelegenheit, die traditionellen Bannsprüche gegen den
Liberalismus zu schleudern**
příležitost vrhnout tradiční klatby na liberalismus
**die Möglichkeit, die repräsentative Regierung und die
Bourgeoisie Konkurrenz anzugreifen**
možnost útočit na zastupitelskou vládu a buržoazní
konkurenci
**Pressefreiheit der Bourgeoisie, Bourgeoisie Gesetzgebung,
Bourgeoisie Freiheit und Gleichheit**
Buržoazie svoboda tisku, buržoazní zákonodárství, buržoazní
svoboda a rovnost
**All dies könnte nun in der realen Welt kritisiert werden,
anstatt in der Fantasie**
To vše by nyní mohlo být kritizováno v reálném světě, spíše
než ve fantazii
**Feudalaristokratie und absolute Monarchie hatten den
Massen lange gepredigt**
Feudální aristokracie a absolutní monarchie dlouho kázaly
masám
**"Der Arbeiter hat nichts zu verlieren und er hat alles zu
gewinnen"**
"Pracující člověk nemá co ztratit a může všechno získat"
**auch die Bourgeoisie bewegung bot eine Chance, sich mit
diesen Plattitüden auseinanderzusetzen**
buržoazní hnutí také nabízelo příležitost konfrontovat tyto
otřepané fráze

die französische Kritik setzte die Existenz der modernen Bourgeoisie Gesellschaft voraus

francouzská kritika předpokládala existenci moderní buržoazní společnosti

Bourgeoisie, ökonomische Existenzbedingungen und Bourgeoisie politische Verfassung

Buržoazie: ekonomické podmínky existence a politické zřízení buržoazie

gerade die Dinge, deren Errungenschaft Gegenstand des in Deutschland anstehenden Kampfes war

právě ty věci, jejichž dosažení bylo předmětem probíhajícího boje v Německu

Deutschlands albernes Echo des Sozialismus hat diese Ziele gerade noch rechtzeitig aufgegeben

Hloupá ozvěna socialismu v Německu opustila tyto cíle právě v pravý čas

Die absoluten Regierungen hatten ihre Gefolgschaft aus Pfarrern, Professoren, Landjunkern und Beamten

Absolutní vlády měly své přívržence z řad farářů, profesorů, venkovských statkářů a úředníků

die damalige Regierung begegnete den deutschen Arbeiteraufständen mit Auspeitschungen und Kugeln

tehdejší vláda reagovala na povstání německé dělnické třídy bičováním a kulkami

ihnen diente dieser Sozialismus als willkommene Vogelscheuche gegen die drohende Bourgeoisie

Pro ně byl tento socialismus vítaným strašákem před hrozící buržoazií

und die deutsche Regierung konnte nach den bitteren Pillen, die sie austeilte, ein süßes Dessert anbieten

a německá vláda byla schopna nabídnout sladký dezert po hořkých pilulkách, které rozdala

dieser "wahre" Sozialismus diente also den Regierungen als Waffe im Kampf gegen die deutsche Bourgeoisie

tento "pravý" socialismus tak sloužil vládám jako zbraň v boji proti německé buržoazii

und gleichzeitig repräsentierte sie direkt ein reaktionäres Interesse; die der deutschen Philister

a zároveň přímo zastupovala reakční zájmy; zákon německých šosáků

In Deutschland ist das Kleinbourgeoisie die wirkliche gesellschaftliche Grundlage des bestehenden Zustandes

V Německu je maloburžoazní třída skutečnou společenskou základnou nynějšího stavu věcí

Ein Relikt des sechzehnten Jahrhunderts, das immer wieder in verschiedenen Formen auftaucht

pozůstatkem šestnáctého století, který se neustále vynořuje v různých podobách

Diese Klasse zu bewahren bedeutet, den bestehenden Zustand in Deutschland zu bewahren

Zachovat tuto třídu znamená zachovat nynější stav věcí v Německu

Die industrielle und politische Vorherrschaft der Bourgeoisie bedroht das KleinBourgeoisie mit der sicheren Vernichtung

Průmyslová a politická nadvláda buržoazie hrozí maloburžoazii jistou zánikem

auf der einen Seite droht sie das Kleinbourgeoisiedurch die Konzentration des Kapitals zu vernichten

na jedné straně hrozí, že koncentrací kapitálu zničí maloburžoazii

auf der anderen Seite droht die Bourgeoisie, sie durch den Aufstieg eines revolutionären Proletariats zu zerstören

na druhé straně buržoazie hrozí, že ji zničí vzestupem revolučního proletariátu

Der "wahre" Sozialismus schien diese beiden Fliegen mit einer Klappe zu schlagen. Es breitete sich wie eine Epidemie aus

Zdálo se, že "pravý" socialismus zabil tyto dvě mouchy jednou ranou. Šířilo se to jako epidemie

Das Gewand spekulativer Spinnweben, bestickt mit Blumen der Rhetorik, durchtränkt vom Tau kränklicher Gefühle

Roucho ze spekulativních pavučin, vyšívaných květy rétoriky, nasáklé rosou chorobného sentimentu

dieses transzendentale Gewand, in das die deutschen Sozialisten ihre traurigen "ewigen Wahrheiten" hüllten

toto transcendentální roucho, do kterého němečtí socialisté zahalili své politováníhodné "věčné pravdy"

alle Haut und Knochen, dienten dazu, den Absatz ihrer Waren bei einem solchen Publikum wunderbar zu vermehren.

Všechno to šlo jen na kost a kůži, posloužilo k podivuhodnému zvýšení prodeje jejich zboží mezi takovou veřejností.

Und der deutsche Sozialismus seinerseits erkannte mehr und mehr seine eigene Berufung

A německý socialismus ze své strany stále více uznával své vlastní poslání

sie war berufen, die bombastische Vertreterin des Kleinbourgeoisie Philisters zu sein

byla povolána k tomu, aby byla nabubřelým představitelem maloburžoazního šosáka

Sie proklamierte die deutsche Nation als Musternation und den deutschen Kleinphilister als Mustermann

Prohlásil německý národ za vzorný národ a německého malošosáka za vzorného člověka

Jeder schurkischen Gemeinheit dieses Mustermenschen gab sie eine verborgene, höhere, sozialistische Deutung

Každé ničemnosti tohoto vzorného člověka dávala skrytý, vyšší, socialistický výklad

diese höhere, sozialistische Deutung war das genaue Gegenteil ihres wirklichen Charakters

tento vyšší, socialistický výklad byl pravým opakem jeho skutečného charakteru

Sie ging so weit, sich der "brutal destruktiven" Tendenz des Kommunismus direkt entgegenzustellen

Zašla až tak daleko, že se přímo postavila proti "brutálně destruktivní" tendenci komunismu

und sie proklamierte ihre höchste und unparteiische Verachtung aller Klassenkämpfe

a vyhlásila své nejvyšší a nestranné pohrdání všemi třídními boji

Mit sehr wenigen Ausnahmen gehören alle sogenannten sozialistischen und kommunistischen Publikationen, die jetzt (1847) in Deutschland zirkulieren, in den Bereich dieser üblen und entnervenden Literatur

Až na několik málo výjimek patří všechny takzvané socialistické a komunistické publikace, které nyní (1847) obíhají v Německu, do oblasti této odporné a vyčerpávající literatury

2) Konservativer Sozialismus oder bürgerlicher Sozialismus
2) Konzervativní socialismus nebo buržoazní socialismus

Ein Teil der Bourgeoisie will soziale Missstände beseitigen
Část buržoazie si přeje napravit sociální křivdy
um den Fortbestand der Bourgeoisie Gesellschaft zu sichern
aby byla zajištěna další existence buržoazní společnosti
Zu dieser Sektion gehören Ökonomen, Philanthropen,
Menschenfreunde
Do této sekce patří ekonomové, filantropové, humanisté
Verbesserer der Lage der Arbeiterklasse und Organisatoren
der Wohltätigkeit
zlepšovatelé podmínek dělnické třídy a organizátoři charity
Mitglieder von Gesellschaften zur Verhütung von
Tierquälerei
Členové Společností pro prevenci týrání zvířat
Mäßigkeitsfanatiker, Loch-und-Ecken-Reformer aller
erdenklichen Art
Fanatici střídmosti, zabednění reformátoři všeho možného
druhu
Diese Form des Sozialismus ist überdies zu vollständigen
Systemen ausgearbeitet worden
Tato forma socialismu byla navíc rozpracována do úplných
systémů
Als Beispiel für diese Form sei Proudhons "Philosophie de
la Misère" angeführt
Jako příklad této formy můžeme uvést Proudhonovu
"Philosophie de la Misère"
Die sozialistische Bourgeoisie will alle Vorteile der
modernen gesellschaftlichen Verhältnisse
Socialistická buržoazie chce všechny výhody moderních
společenských poměrů
aber die sozialistische Bourgeoisie will nicht unbedingt die
daraus resultierenden Kämpfe und Gefahren
ale socialistická buržoazie nemusí nutně chtít výsledné boje a
nebezpečí

Sie wollen den bestehenden Zustand der Gesellschaft, abzüglich ihrer revolutionären und zerfallenden Elemente

Přejí si stávající stav společnosti, bez jejích revolučních a rozkladných prvků

mit anderen Worten, sie wünschen sich eine Bourgeoisie ohne Proletariat

jinými slovy, přejí si buržoazii bez proletariátu

Die Bourgeoisie begreift natürlich die Welt, in der sie die höchste ist, die Beste zu sein

Buržoazie přirozeně pojímá svět, v němž je nejvyšší, jako nejlepší

und der Bourgeoisie Sozialismus entwickelt diese bequeme Auffassung zu verschiedenen mehr oder weniger vollständigen Systemen

a buržoazní socialismus rozvíjí tuto pohodlnou koncepci do různých více či méně ucelených systémů

sie wünschen sich sehr, dass das Proletariat geradewegs in das soziale Neue Jerusalem marschiert

velmi by si přáli, aby proletariát pochodoval rovnou do sociálního Nového Jeruzaléma

Aber in Wirklichkeit verlangt sie, dass das Proletariat innerhalb der Grenzen der bestehenden Gesellschaft bleibt

Ve skutečnosti však vyžaduje, aby proletariát zůstal v mezích nynější společnosti

sie fordern das Proletariat auf, alle seine hasserfüllten Ideen über die Bourgeoisie abzulegen

žádají proletariát, aby odhodil všechny své nenávistné představy o buržoazii

es gibt eine zweite, praktischere, aber weniger systematische Form dieses Sozialismus

existuje druhá, praktičtější, ale méně systematická forma tohoto socialismu

Diese Form des Sozialismus versuchte, jede revolutionäre Bewegung in den Augen der Arbeiterklasse abzuwerten

Tato forma socialismu se snažila znehodnotit každé revoluční hnutí v očích dělnické třídy

Sie argumentieren, dass keine bloße politische Reform für sie von Vorteil sein könnte

Tvrdí, že žádná pouhá politická reforma by jim nemohla být prospěšná

nur eine Veränderung der materiellen Existenzbedingungen in den wirtschaftlichen Beziehungen ist von Nutzen

Prospěšná je jen změna materiálních existenčních podmínek v hospodářských vztazích

Wie der Kommunismus tritt auch diese Form des Sozialismus für eine Veränderung der materiellen Existenzbedingungen ein

Stejně jako komunismus, i tato forma socialismu obhajuje změnu materiálních podmínek existence

Diese Form des Sozialismus bedeutet jedoch keineswegs, dass die Bourgeoisie Produktionsverhältnisse abgeschafft werden

tato forma socialismu však v žádném případě nenaznačuje zrušení buržoazních výrobních vztahů

die Abschaffung der Bourgeoisie Produktionsverhältnisse kann nur durch eine Revolution erreicht werden

Zrušení buržoazních výrobních vztahů lze dosáhnout pouze revolucí

Doch statt einer Revolution schlägt diese Form des Sozialismus Verwaltungsreformen vor

Ale místo revoluce tato forma socialismu navrhuje administrativní reformy

und diese Verwaltungsreformen würden auf dem Fortbestand dieser Beziehungen beruhen

a tyto správní reformy by byly založeny na pokračující existenci těchto vztahů

Reformen, die in keiner Weise die Beziehungen zwischen Kapital und Arbeit berühren

tedy reformy, které se v žádném ohledu nedotýkají vztahů mezi kapitálem a prací

im besten Fall verringern solche Reformen die Kosten und vereinfachen die Verwaltungsarbeit der Bourgeoisie Regierung

v nejlepším případě takové reformy snižují náklady a zjednodušují administrativní práci buržoazní vlády

Der Bourgeoisie Sozialismus kommt dann und nur dann adäquat zum Ausdruck, wenn er zur bloßen Redewendung wird

Buržoazní socialismus nabývá adekvátního výrazu tehdy a jen tehdy, když se stane pouhým řečnickým obratem

Freihandel: zum Wohle der Arbeiterklasse

Volný obchod: ve prospěch dělnické třídy

Schutzpflichten: zum Wohle der Arbeiterklasse

Ochranné povinnosti: ve prospěch dělnické třídy

Gefängnisreform: zum Wohle der Arbeiterklasse

Vězeňská reforma: ve prospěch dělnické třídy

Das ist das letzte Wort und das einzig ernst gemeinte Wort des Bourgeoisie Sozialismus

To je poslední slovo a jediné vážně míněné slovo buržoazního socialismu

Sie ist in dem Satz zusammengefasst: Die Bourgeoisie ist eine Bourgeoisie zum Wohle der Arbeiterklasse

Shrnuje se ve větě: buržoazie je buržoazií ve prospěch dělnické třídy

3) Kritisch-utopischer Sozialismus und Kommunismus
3) Kriticko-utopický socialismus a komunismus

Wir beziehen uns hier nicht auf jene Literatur, die den Forderungen des Proletariats immer eine Stimme gegeben hat
Nemluvíme zde o literatuře, která vždy dávala hlas požadavkům proletariátu

dies war in jeder großen modernen Revolution vorhanden, wie z. B. in den Schriften von Babeuf und anderen
to bylo přítomno v každé velké moderní revoluci, jako jsou spisy Babeufovy a další

Die ersten unmittelbaren Versuche des Proletariats, seine eigenen Ziele zu erreichen, scheiterten notwendigerweise
První přímé pokusy proletariátu dosáhnout svých vlastních cílů nutně ztroskotaly

Diese Versuche wurden in Zeiten allgemeiner Aufregung unternommen, als die feudale Gesellschaft gestürzt wurde
Tyto pokusy byly činěny v dobách všeobecného rozruchu, kdy byla svržena feudální společnost

Der damals noch unterentwickelte Zustand des Proletariats führte zum Scheitern dieser Versuche
Tehdy nerozvinutý stav proletariátu vedl k tomu, že tyto pokusy selhaly

und sie scheiterten am Fehlen der wirtschaftlichen Voraussetzungen für ihre Emanzipation
a to kvůli absenci ekonomických podmínek pro její emancipaci

Bedingungen, die erst noch geschaffen werden mussten und die durch die bevorstehende Epoche der Bourgeoisie allein hervorgebracht werden konnten
poměry, které teprve měly být vytvořeny a mohly být vytvořeny pouze nastupující buržoazní epochou

Die revolutionäre Literatur, die diese ersten Bewegungen des Proletariats begleitete, hatte notwendigerweise einen reaktionären Charakter

Revoluční literatura, která doprovázela tato první hnutí proletariátu, měla nutně reakční charakter

Diese Literatur schärfte universelle Askese und soziale Nivellierung in ihrer gröbsten Form ein

Tato literatura vštěpovala všeobecnou askezi a sociální nivelizaci v její nejhrubší formě

Die sozialistischen und kommunistischen Systeme, die man eigentlich so nennt, entstehen in der frühen unentwickelten Periode

Socialistický a komunistický systém, jak se vlastně nazývá, vznikají v raném nerozvinutém období

Saint-Simon, Fourier, Owen und andere beschrieben den Kampf zwischen Proletariat und Bourgeoisie (siehe Abschnitt 1)

Saint-Simon, Fourier, Owen a jiní popsali boj mezi proletariátem a buržoazií (viz oddíl 1)

Die Begründer dieser Systeme sehen in der Tat die Klassengegensätze

Zakladatelé těchto systémů vskutku vidí třídní protiklady

Sie sehen auch das Wirken der sich zersetzenden Elemente in der herrschenden Gesellschaftsform

Vidí také působení rozkládajících se prvků v převládající formě společnosti

Aber das Proletariat, das noch in den Kinderschuhen steckt, bietet ihnen das Schauspiel einer Klasse ohne jede historische Initiative

Ale proletariát, který je ještě v plenkách, jim nabízí spektákl třídy bez jakékoli historické iniciativy

Sie sehen das Schauspiel einer sozialen Klasse ohne unabhängige politische Bewegung

vidí spektákl společenské třídy bez jakéhokoli nezávislého politického hnutí

Die Entwicklung des Klassengegensatzes hält mit der Entwicklung der Industrie Schritt

Vývoj třídních protikladů drží krok s rozvojem průmyslu

Die ökonomische Lage bietet ihnen also noch nicht die
materiellen Bedingungen für die Befreiung des Proletariats
Hospodářská situace jim tedy ještě neposkytuje materiální
podmínky pro osvobození proletariátu
Sie suchen also nach einer neuen Sozialwissenschaft, nach
neuen sozialen Gesetzen, die diese Bedingungen schaffen
sollen
Hledají proto novou společenskou vědu, nové společenské
zákony, které by tyto podmínky vytvořily
historisches Handeln besteht darin, sich ihrem persönlichen
erfinderischen Handeln zu beugen
Historická akce znamená poddat se své osobní vynalézavé
činnosti
Historisch geschaffene Emanzipationsbedingungen sollen
phantastischen Verhältnissen weichen
historicky vytvořené podmínky emancipace mají ustoupit
fantastickým podmínkám
und die allmähliche, spontane Klassenorganisation des
Proletariats soll der Organisation der Gesellschaft weichen
a postupná, živelná třídní organizace proletariátu má ustoupit
organisaci společnosti
die Organisation der Gesellschaft, die von diesen Erfindern
eigens ersonnen wurde
organizace společnosti speciálně vymyšlená těmito vynálezci
Die zukünftige Geschichte löst sich in ihren Augen in die
Propaganda und die praktische Durchführung ihrer sozialen
Pläne auf
Budoucí dějiny se v jejich očích redukují na propagandu a
praktické uskutečňování jejich sociálních plánů
Bei der Ausarbeitung ihrer Pläne sind sie sich bewußt, daß
sie sich in erster Linie um die Interessen der Arbeiterklasse
kümmern
Při vytváření svých plánů jsou si vědomi, že se starají
především o zájmy dělnické třídy
Nur unter dem Gesichtspunkt, die leidendste Klasse zu sein,
existiert das Proletariat für sie

Proletariát pro ně existuje pouze z hlediska toho, že jsou nejvíce trpící třídou

Der unentwickelte Zustand des Klassenkampfes und ihre eigene Umgebung prägen ihre Meinungen
Nevyvinutý stav třídního boje a jejich vlastní okolí formují jejich názory

Sozialisten dieser Art halten sich allen Klassengegensätzen weit überlegen
Socialisté tohoto druhu se považují za daleko nadřazené všem třídním protikladům

Sie wollen die Lage jedes Mitglieds der Gesellschaft verbessern, auch die der Begünstigten
Chtějí zlepšit podmínky každého člena společnosti, dokonce i těch nejbohatších

Daher appellieren sie gewöhnlich an die Gesellschaft als Ganzes, ohne Unterschied der Klasse
Proto mají ve zvyku apelovat na společnost jako celek, bez rozdílu třídy

Ja, sie appellieren an die Gesellschaft als Ganzes, indem sie die herrschende Klasse bevorzugen
ba dokonce apelují na společnost jako celek tím, že dávají přednost vládnoucí třídě

Für sie ist alles, was es braucht, dass andere ihr System verstehen
Pro ně to vyžaduje jen to, aby ostatní pochopili jejich systém

Denn wie können die Menschen nicht erkennen, dass der bestmögliche Plan für den bestmöglichen Zustand der Gesellschaft ist?
Protože jak mohou lidé nevidět, že nejlepší možný plán je pro nejlepší možný stav společnosti?

Daher lehnen sie jede politische und vor allem jede revolutionäre Aktion ab
Proto odmítají veškerou politickou a zejména veškerou revoluční akci

Sie wollen ihre Ziele mit friedlichen Mitteln erreichen
chtějí dosáhnout svých cílů mírovými prostředky

Sie bemühen sich durch kleine Experimente, die notwendigerweise zum Scheitern verurteilt sind

Snaží se o to malými experimenty, které jsou nutně odsouzeny k neúspěchu

und durch die Kraft des Beispiels versuchen sie, den Weg für das neue soziale Evangelium zu ebnen

a silou příkladu se snaží připravit cestu novému sociálnímu evangeliu

Welch phantastische Bilder von der zukünftigen Gesellschaft, gemalt in einer Zeit, in der sich das Proletariat noch in einem sehr unterentwickelten Zustand befindet

Takové fantastické obrazy budoucí společnosti, namalované v době, kdy proletariát je ještě ve velmi nevyvinutém stavu

und sie hat immer noch nur eine phantastische Vorstellung von ihrer eigenen Stellung

a má ještě jen fantastickou představu o svém vlastním postavení

aber ihre ersten instinktiven Sehnsüchte entsprechen den Sehnsüchten des Proletariats

Ale jejich první instinktivní touhy odpovídají touhám proletariátu

Beide sehnen sich nach einem allgemeinen Umbau der Gesellschaft

Oba touží po celkové přestavbě společnosti

Aber diese sozialistischen und kommunistischen Veröffentlichungen enthalten auch ein kritisches Element

Ale tyto socialistické a komunistické publikace obsahují také kritický prvek

Sie greifen jedes Prinzip der bestehenden Gesellschaft an

Útočí na každý princip existující společnosti

Daher sind sie voll von den wertvollsten Materialien für die Aufklärung der Arbeiterklasse

Jsou tedy plné nejcennějšího materiálu pro osvětu dělnické třídy

Sie schlagen die Abschaffung der Unterscheidung zwischen Stadt und Land und der Familie vor

Navrhují zrušení rozdílu mezi městem a venkovem a rodinou
die Abschaffung des Gewerbetreibens für Rechnung von Privatpersonen
Zrušení provozování průmyslu na účet soukromých osob
und die Abschaffung des Lohnsystems und die Proklamation des sozialen Friedens
a zrušení mzdového systému a vyhlášení sociální harmonie
die Verwandlung der Funktionen des Staates in eine bloße Aufsicht über die Produktion
přeměna funkcí státu v pouhý dohled nad výrobou
Alle diese Vorschläge deuten einzig und allein auf das Verschwinden der Klassengegensätze hin
Všechny tyto návrhy poukazují jen na to, že třídní protiklady zmizely
Klassengegensätze waren damals gerade erst im Entstehen begriffen
Třídní protiklady se v té době teprve objevovaly
In diesen Veröffentlichungen werden diese Klassengegensätze nur in ihren frühesten, undeutlichen und unbestimmten Formen anerkannt
V těchto publikacích jsou tyto třídní protiklady rozpoznány jen ve svých nejranějších, neurčitých a neurčitých formách
Diese Vorschläge haben also rein utopischen Charakter
Tyto návrhy jsou tedy čistě utopického rázu
Die Bedeutung des kritisch-utopischen Sozialismus und des Kommunismus steht in einem umgekehrten Verhältnis zur historischen Entwicklung
Význam kriticko-utopického socialismu a komunismu nese nepřímý vztah k historickému vývoji
Der moderne Klassenkampf wird sich entwickeln und weiter konkrete Gestalt annehmen
Moderní třídní boj se bude rozvíjet a bude se nadále přesně formovat
Dieses fantastische Ansehen des Wettbewerbs wird jeden praktischen Wert verlieren

Toto fantastické postavení ze soutěže ztratí veškerou praktickou hodnotu

Diese phantastischen Angriffe auf die Klassengegensätze verlieren jede theoretische Rechtfertigung

Tyto fantastické útoky na třídní protiklady ztratí veškeré teoretické opodstatnění

Die Urheber dieser Systeme waren in vielerlei Hinsicht revolutionär

Původci těchto systémů byli v mnoha ohledech revoluční

Aber ihre Jünger haben in jedem Fall bloße reaktionäre Sekten gebildet

Ale jejich učedníci vytvořili v každém případě jen reakční sekty

Sie halten an den ursprünglichen Ansichten ihrer Meister fest

Pevně se drží původních názorů svých mistrů

Aber diese Anschauungen stehen im Gegensatz zur fortschreitenden geschichtlichen Entwicklung des Proletariats

Ale tyto názory jsou v rozporu s postupným historickým vývojem proletariátu

Sie bemühen sich daher, und zwar konsequent, den Klassenkampf abzustumpfen

Snaží se tedy, a to důsledně, otupit třídní boj

Und sie bemühen sich konsequent, die Klassengegensätze zu versöhnen

a důsledně se snaží smířit třídní protiklady

Noch träumen sie von der experimentellen Umsetzung ihrer gesellschaftlichen Utopien

Stále sní o experimentální realizaci svých sociálních utopií

sie träumen immer noch davon, isolierte "Phalanster" zu gründen und "Heimatkolonien" zu gründen

stále sní o zakládání izolovaných "falansterů" a zakládání "domovských kolonií"

sie träumen davon, eine "Kleine Ikaria" zu errichten – Duodecimo-Ausgaben des Neuen Jerusalem

sní o založení "Malé Ikárie" – duodecimo vydání Nového
Jeruzaléma

**Und sie träumen davon, all diese Luftschlösser zu
verwirklichen**

a sní o tom, že si uvědomí všechny ty vzdušné zámky

**Sie sind gezwungen, an die Gefühle und den Geldbeutel der
Bourgeoisie zu appellieren**

Jsou nuceni apelovat na city a peněženky buržoazie

**Nach und nach sinken sie in die Kategorie der oben
dargestellten reaktionären konservativen Sozialisten**

Postupně se propadají do kategorie reakčních konzervativních
socialistů, jak jsme je vylíčili výše

**sie unterscheiden sich von diesen nur durch systematischere
Pedanterie**

Liší se od nich jen systematičtějším pedantstvím

**und sie unterscheiden sich durch ihren fanatischen und
abergläubischen Glauben an die Wunderwirkungen ihrer
Sozialwissenschaft**

a liší se svou fanatickou a pověrčivou vírou v zázračné účinky
svých společenských věd

**Sie widersetzen sich daher gewaltsam jeder politischen
Aktion der Arbeiterklasse**

Proto se násilně staví proti každé politické akci dělnické třídy

**ein solches Handeln kann ihrer Meinung nach nur aus
blindem Unglauben an das neue Evangelium resultieren**

takové jednání může podle nich vyplynout jen ze slepé nevíry
v nové evangelium

**Die Owenisten in England und die Fourieristen in
Frankreich stehen den Chartisten und den "Réformisten"
entgegen**

Owenovci v Anglii a fourierovci ve Francii se staví proti
chartistům a "réformistům"

Stellung der Kommunisten zu den verschiedenen bestehenden Oppositionsparteien

Postavení komunistů ve vztahu k různým existujícím opozičním stranám

Abschnitt II hat die Beziehungen der Kommunisten zu den bestehenden Arbeiterparteien deutlich gemacht

Oddíl II objasnil poměr komunistů k existujícím dělnickým stranám

wie die Chartisten in England und die Agrarreformer in Amerika

jako chartisté v Anglii a agrární reformátoři v Americe

Die Kommunisten kämpfen für die Erreichung der unmittelbaren Ziele

Komunisté bojují za dosažení bezprostředních cílů

Sie kämpfen für die Durchsetzung der momentanen Interessen der Arbeiterklasse

Bojují za prosazení momentálních zájmů dělnické třídy

Aber in der politischen Bewegung der Gegenwart repräsentieren und kümmern sie sich auch um die Zukunft dieser Bewegung

Ale v současném politickém hnutí také reprezentují a starají se o budoucnost tohoto hnutí

In Frankreich verbünden sich die Kommunisten mit den Sozialdemokraten

Ve Francii se komunisté spojují se sociálními demokraty

und sie positionieren sich gegen die konservative und radikale Bourgeoisie

a staví se proti konzervativní a radikální buržoazii

sie behalten sich jedoch das Recht vor, eine kritische Position gegenüber Phrasen und Illusionen einzunehmen, die traditionell aus der großen Revolution überliefert sind

vyhrazují si však právo zaujmout kritické stanovisko k frázím a iluzím tradičně tradovaným z velké revoluce

In der Schweiz unterstützt man die Radikalen, ohne dabei aus den Augen zu verlieren, dass diese Partei aus antagonistischen Elementen besteht

Ve Švýcarsku podporují radikály, aniž ztrácejí ze zřetele, že tato strana se skládá z antagonistických živlů

teils von demokratischen Sozialisten im französischen Sinne, teils von radikaler Bourgeoisie

zčásti demokratických socialistů ve francouzském smyslu, zčásti radikální buržoazie

In Polen unterstützen sie die Partei, die auf einer Agrarrevolution als Hauptbedingung für die nationale Emanzipation beharrt

V Polsku podporují stranu, která trvá na agrární revoluci jako na první podmínce národní emancipace

jene Partei, die 1846 den Krakauer Aufstand angezettelt hatte

ta strana, která podnítila krakovské povstání v roce 1846

In Deutschland kämpft man mit der Bourgeoisie, wenn sie revolutionär handelt

V Německu bojují s buržoazií, kdykoli jedná revolučně

gegen die absolute Monarchie, das feudale Eichhörnchen und das Kleinbourgeoisie

proti absolutní monarchii, feudálnímu statkářství a maloburžoazii

Aber sie hören nicht auf, der Arbeiterklasse auch nur einen Augenblick lang eine bestimmte Idee einzuflößen

Nikdy však nepřestanou ani na okamžik vštěpovat dělnické třídě jednu konkrétní myšlenku

die klarste Erkenntnis des feindlichen Antagonismus zwischen Bourgeoisie und Proletariat

co nejjasnější poznání nepřátelského protikladu mezi buržoazií a proletariátem

damit die deutschen Arbeiter sofort von den ihnen zur Verfügung stehenden Waffen Gebrauch machen können

aby němečtí dělníci mohli ihned použít zbraní, které mají k dispozici

**die sozialen und politischen Bedingungen, die die
Bourgeoisie mit ihrer Herrschaft notwendigerweise
einführen muss**

sociální a politické podmínky, které buržoazie musí nutně
zavést spolu se svou nadvládou

**der Sturz der reaktionären Klassen in Deutschland ist
unvermeidlich**

pád reakčních tříd v Německu je nevyhnutelný

**und dann kann der Kampf gegen die Bourgeoisie selbst
sofort beginnen**

a pak může okamžitě začít boj proti buržoazii samé

**Die Kommunisten richten ihre Aufmerksamkeit
hauptsächlich auf Deutschland, weil dieses Land am
Vorabend einer Bourgeoisie Revolution steht**

Komunisté obracejí svou pozornost hlavně k Německu,
protože tato země je na prahu buržoazní revoluce

**eine Revolution, die unter den fortgeschritteneren
Bedingungen der europäischen Zivilisation durchgeführt
werden muss**

revoluce, která se musí uskutečnit v pokročilejších
podmínkách evropské civilizace

**Und sie wird mit einem viel weiter entwickelten Proletariat
durchgeführt werden**

a musí být prováděna s mnohem vyvinutějším proletariátem

**ein Proletariat, das weiter fortgeschritten war als das
Englands im 17. und Frankreichs im 18. Jahrhundert**

proletariát pokročilejší než byl proletariát Anglie v
sedmnáctém století a ve Francii v osmnáctém století

**und weil die Bourgeoisie Revolution in Deutschland nur das
Vorspiel zu einer unmittelbar folgenden proletarischen
Revolution sein wird**

a protože buržoazní revoluce v Německu bude jen předehrou
k bezprostředně následující proletářské revoluci

**Kurz gesagt, die Kommunisten unterstützen überall jede
revolutionäre Bewegung gegen die bestehende soziale und
politische Ordnung der Dinge**

Stručně řečeno, komunisté všude podporují každé revoluční hnutí proti existujícímu společenskému a politickému řádu věcí

In all diesen Bewegungen rücken sie als Leitfrage die Eigentumsfrage in den Vordergrund

Ve všech těchto hnutích vynášejí do popředí jako vůdčí otázku v každém z nich otázku vlastnictví

unabhängig davon, wie hoch der Entwicklungsstand in diesem Land zu diesem Zeitpunkt ist

bez ohledu na to, jaký stupeň rozvoje je v dané zemi v té době

Schließlich setzen sie sich überall für die Vereinigung und Zustimmung der demokratischen Parteien aller Länder ein

A konečně všude pracují pro sjednocení a dohodu demokratických stran všech zemí

Die Kommunisten verschmähen es, ihre Ansichten und Ziele zu verheimlichen

Komunisté pohrdají skrýváním svých názorů a cílů

Sie erklären offen, dass ihre Ziele nur durch den gewaltsamen Umsturz aller bestehenden gesellschaftlichen Verhältnisse erreicht werden können

Otevřeně prohlašují, že jejich cílů může být dosaženo jen násilným svržením všech existujících společenských poměrů

Mögen die herrschenden Klassen vor einer kommunistischen Revolution zittern

Nechť se vládnoucí třídy třesou před komunistickou revolucí

Die Proletarier haben nichts zu verlieren als ihre Ketten

Proletáři nemají co ztratit kromě svých okovů

Sie haben eine Welt zu gewinnen

Mají svět, který mohou vyhrát

ARBEITER ALLER LÄNDER, VEREINIGT EUCH!

PRACUJÍCÍ LIDÉ VŠECH ZEMÍ, SPOJTE SE!

www.tranzlaty.com